Uwe Michalak

Navigationsinstrumente für gelingende Beratung

Sieben Impulse für die Praxis

Mit Illustrationen von Patrick Schoden

VANDENHOECK & RUPRECHT

Mit 7 Abbildungen

Bibliografische Information der Deutschen Nationalbibliothek:
Die Deutsche Nationalbibliothek verzeichnet diese Publikation in der Deutschen Nationalbibliografie; detaillierte bibliografische Daten sind im Internet über https://dnb.de abrufbar.

Umschlagabbildung: Patrick Schoden, http://www.patrickschoden.gallery

Satz: SchwabScantechnik, Göttingen
Druck und Bindung: BALTO print, Vilnius
Printed in the EU

Vandenhoeck & Ruprecht Verlage | www.vandenhoeck-ruprecht-verlage.com

ISBN 978-3-525-40032-6

Inhalt

Über dieses Buch

Die konkrete Idee zu diesem Buch entstand im Mai 2022 auf einer Wanderung zur Sommerresidenz von Napoleon Bonaparte auf der Insel Elba. Beim Aufstieg nahmen die Gedanken schrittweise Gestalt an, dass das Denken in Differenzen eine Beratung vielfältig bereichert. Differenzen erzeugen Spannungen, die sich in Form von Spannungsbögen abbilden lassen. Der Blick auf Spannungsbögen begleitet mich schon eine längere Zeit (vgl. Lüschen-Heimer u. Michalak, 2019). Ausschlaggebend für die ausführlichere Beschäftigung mit dem Thema »Spannungsbögen« war die Lektüre der Zeitschrift Supervision (2021) zum Thema »Differenzverträglichkeit«.

Eine Denkweise, die Differenzen zulässt und sogar explizit beachtet, stellt Navigationshilfen bereit, um die Kooperation im Beratungsprozess zu fördern. Diese Hilfen sind stets als vorläufige zu verstehen. Denn sie orientieren sich konsequent an den Anliegen des Klient:innensystems. Die Erfahrung, dass sich Anliegen im Verlauf einer Beratung wandeln, erfordert ein Überprüfen der eingesetzten Navigationshilfe. Man könnte auch sagen, es geht um ein phasenweises Navigieren beim Driften (vgl. Simon u. Weber, 2012).

Navigationsinstrumente liefern eine Orientierung beim Segeln in den Gewässern sozialer Systeme. Sie helfen den Kurs zu bestimmen. Die Navigation in systemischen Beratungskontexten eignet sich optimal für die kurze Sicht, weil mit Blick auf eine Weitsicht Kursänderungen zu erwarten und gewünscht sind. Kurzfristig braucht es Richtungen, in die gemeinsam geschaut werden kann, um den augenblicklichen Anliegen nachzukommen. Die vorgestellten Navigationshilfen geben Hinweise dazu, was als nächster Schritt ansteht. Sie erlauben eine Wahl zwischen mehreren Perspektiven, die eine Beratung konstruktiv und fokussiert voranbringen.

Unterschiede aus einer Vogelperspektive zu betrachten, gestattet, thematische Spannungsbögen auszumachen. Ein Spannungsbogen entsteht, wenn jede Seite einer Unterscheidung gleich gewichtet und gegenübergestellt wird. Im Spannungsbogen zu einem Thema tauchen Erkenntnisse für das Beratungshandeln auf. In diesem Buch werden sieben Navigationsinstrumente vorgestellt, die jeweils auf einem eigenen Spannungsbogen basieren.

Jedes Kapitel ist so geschrieben, dass es für sich gelesen werden kann. Kurze inhaltliche Wiederholungen sind deshalb beabsichtigt. Sie können sich also von Ihrem Interesse leiten lassen!

Das *erste Kapitel* untersucht die Verträglichkeit von Differenzen für die Beratung. Dabei stellt es den Begriff der Differenz in den Mittelpunkt. Dieses Kapitel fungiert zugleich als Einführung und als Navigationsinstrument.

»Beratungsjazz« stellt ein Kunstwort dar. Es weist darauf hin, wie das Beratungshandeln von der Kunst des Improvisierens profitiert. Eine Beratung beschreibt einen Prozess der Kooperation, in dessen Verlauf Unerwartetes auftaucht. Das Unerwartete zeugt davon, dass die Beratung produktiv vorankommt; es dementsprechend zu beachten und aufzugreifen, fordert die beratende Person und fördert die Kooperation in der Beratung. Das *zweite Kapitel* widmet sich der Improvisation in der Beratung.

Welche Rolle Hypothesen in einer Beratung übernehmen, bedenkt das *dritte Kapitel.* Eine Hypothese kann wie ein Geländer in der Beratungskommunikation wirken. Sie kann aber auch den Blick auf andere Hypothesen verstellen. Und: Was spricht für eine Jonglage mit mehreren Hypothesen?

Die Rede von Interventionen ist in der Beratung allgegenwärtig. Interventionen beschreiben, wie der Berater handelt und möglicherweise was ihn bewegt, so zu handeln, wie er handelt. Dahinter steht die Frage, wer für die Veränderungen im Zuge der Beratung verantwortlich ist. Die Beratende, der oder die Klient:in oder die Kooperation zwischen den Beteiligten einer Beratung? Das *vierte Kapitel* beschäftigt sich mit genau dieser Frage.

Ein ungewöhnliches Spannungsfeld bildet das Dreieck aus dem Hier und Jetzt, dem Dort und Damals sowie dem Dann und Demnächst. Welche Rolle die Zeitdimensionen in einer Beratung spielen, damit setzt sich das *fünfte Kapitel* auseinander. Entsprechend werden die Zeitdimensionen Vergangenheit, Gegenwart und Zukunft in ihren Möglichkeiten beleuchtet.

Der Körper eines Menschen spricht unablässig. Wie können seine Signale in der Beratung genutzt werden? Wann erscheint es sinnvoll, sie aktiv und prompt anzusprechen? Was spricht dafür, sie lediglich wahrzunehmen? Diesen Fragen widmet sich das *sechste Kapitel.*

Die Frage, wie mit Schlüsselwörtern umgegangen werden kann, thematisiert das *siebte Kapitel.* Gefragt wird: Was bedeutet es, wenn Schlüsselwörter direkt zitiert werden? Und was geschieht, wenn sie sinngemäß, aber in den Worten der oder des Beratenden aufgegriffen werden?

Das Buch richtet sich an Praktiker:innen und zugleich an Berufsanfänger:innen, deren gemeinsamer Nenner darin besteht, dass sie sich gern mit ihrem Beratungshandeln aktiv auseinandersetzen. Es regt an, verschiedene Perspektiven einzunehmen, um den Prozess einer Beratung kooperativ zu gestalten. Die Auswahl der sieben Navigationsinstrumente ist mit meinen Erfahrungen der vergangenen zwei Jahrzehnte verbunden, die von einer Beschäftigung mit verschiedenen Ansätzen geprägt sind. Dazu zählen der klientenzentrierte Ansatz nach Rogers, die kognitive Verhaltenstherapie, die lösungsorientierte Kurztherapie, das systemische Denken und Handeln, die Idiolektik, die Hypnotherapie, die Pesso-Therapie, die Themenzentrierte Interaktion und die Gruppendynamik. Die Erfahrungen und Reflexionen über die Denk- und Vorgehensweise der jeweiligen Ansätze waren aufschlussreich und sind direkt oder indirekt in die Kapitel eingeflossen.

Vier der Kapitel sind in der männlichen und drei in der weiblichen Schreibweise verfasst. Dieses Vorgehen dient der Lesbarkeit. Prinzipiell gilt, dass mit beiden Formen wertschätzend immer Menschen aller Geschlechter angesprochen werden.

Den interessierten Leser:innen wünsche ich anregende Gedanken und Sichtweisen. Ich freue mich, wenn die eine oder andere Überlegung zu einer Reflexion über die eigene Praxis einlädt. Vielleicht eröffnen sie den Raum dafür, Beratungsprozesse anders zu gestalten und bewusster das eingeschliffene Vorgehen liebevoll infrage zu stellen.

Die vorgestellten Instrumente wollen eine Navigation auf Sicht offerieren – stets dabei berücksichtigend, dass die Klient:innen als Expert:innen für ihr Leben, ihre Probleme, Anliegen und Ziele ihre Themen eigenverantwortlich modifizieren, spezifizieren bzw. neu konfigurieren.

Widmen möchte ich dieses Buch all denjenigen, die in den letzten Jahrzehnten das systemische Denken zu einer Größe gemacht haben. Ihre Überlegungen haben dazu beigetragen, neue theoretische wie praktische Perspektiven für die abwechslungsreiche Beratungslandschaft zu eröffnen und gleichzeitig einen lebendigen Heimathafen zu erzeugen.

1 Über den Nutzen von Differenzen und Spannungsbögen

»Wenn es gelingt, mit theoretischen Konzepten eine neue Sicht auf die bekannte Praxis zu erzeugen, dann erzeugt diese Andersheit eine Differenz, eine produktive Spannung und damit eine Anleitung zum ganz praktischen, situationsangemessenen Handeln.«
(Groth, 2017, S. 16)

Einen interessanten Blick auf Differenzen ermöglicht das Schema der *System-Umwelt-Differenz* (Luhmann, 1984). Voneinander abgegrenzt werden darin System und Umwelt. Damit wird eine Differenz erzeugt. Diese Differenz wird als Einheit verstanden. Beide Aspekte gehören zueinander. Man könnte sagen, sie sind die zwei Seiten einer Medaille. Die Zweiseitigkeit stellt ein bedeutsames Kriterium dar. Das System gewinnt an Kontur durch das, was es nicht ist, nämlich die Umwelt – vergleichbar mit einem Fußabdruck im Schnee. Durch den Rand des Abdrucks wird erkennbar, was der Fußabdruck ist und welcher Schnee den Abdruck umgibt. Als Umwelt wird alles mit Ausnahme des Systems selbst betrachtet; jenseits des Systems ist alles Umwelt. Die Umwelt wird nicht als handlungsfähige Größe betrachtet. Die Handlungsfähigkeit schreibt das System sich selbst zu. In der Umwelt des Systems befinden sich zahlreiche andere Systeme, für die das System wiederum zu deren Umwelt zählt. Die Systeme können einander stören. Je nach Systemblick entstehen andere Umwelten mit jeweils anderen Systemen. Die Beobachtung der Welt mit dem Schema System-Umwelt-Differenz erfordert, kenntlich zu machen, von welchem System aus eine Beobachterin was als Umwelt etikettiert (vgl. hierzu Fuchs, 1993).

Gerade der Gedanke, eine Differenz wie die System-Umwelt-Differenz als Einheit zu betrachten, ist ein zentraler Beweggrund dafür, um sich die Gestaltung von Beratungsprozessen mithilfe von

Spannungsbögen zu erschließen. Ein Spannungsbogen kennt für gewöhnlich zwei gegensätzliche Pole. Widersteht man der Tendenz, eine solche Spannung möglichst bald aufzulösen, führt die Idee, Spannungsbögen als Einheit zu verstehen, zu aufschlussreichen Ansatzpunkten für das Beratungshandeln.

Differenzen, Unterschiede und Unterscheidungen prägen den Alltag und das Leben eines Menschen. Sie sind beispielsweise mit neuen Wörtern, vielfältigen Sichtweisen, Kontroversen und/oder Konflikten verbunden. Bewusst wie unbewusst begleiten sie ständig die Beratungskommunikation.

Mal angenommen, eine Klientin verfolgt das Anliegen, nebenberuflich eine Selbstständigkeit aufzubauen. Ihre derzeitige Situation ist: Zu ihrer Familie gehören zwei Kleinkinder und ein berufstätiger Partner. Sie selbst ist im Gesundheitsbereich tätig, ihre Arbeit ist fordernd. Der Umzug in eine neue Großstadt liegt erst einige Wochen zurück. Eine zentrale Selbstaussage lautet: »Als ehemalige Leistungssportlerin weiß ich mit solchen Belastungen umzugehen.« Eine Beraterin, die diese Situation für überfordernd hält, könnte äußern: »An Ihrer Stelle wäre ich gestresst. Was sind Ihre Überlegungen, Erfahrungen und Überzeugungen, dass Sie die Selbstständigkeit trotz der beruflichen und familiären Situation meistern können und werden?«

In einem solchen Moment wird eine Differenz erzeugt, die ein Nachdenken anregen will, ohne dabei Lösungen vorzugeben oder kritische Urteile zu fällen.

Der bewusste Blick auf Differenzen und den Umgang damit stehen im Folgenden im Mittelpunkt; er bildet den roten Faden für Impulse im Hinblick auf eine gelingende Beratung. Dafür wird die Frage, wie kontroverse Standpunkte konstruktiv für die eigene Beratungspraxis genutzt werden können, aus verschiedenen Perspektiven betrachtet. Im Wesentlichen geht es um die Reflexion, welche Differenzen auszumachen sind und wie sie für die Beraterin und ihre Handlungsoptionen genutzt werden können.

Spannungsbögen entstehen unter anderem, wenn Vorstellungen aus unterschiedlichen Beratungsschulen über ein sinnvolles Beraterinnenverhalten bzw. charakteristische Hinweise für eine Gesprächsgestaltung gegenübergestellt werden. Die sich daraus ergebenden Differenzen zeigen in der Regel einen Weg auf, das eigene Kompetenzprofil auszubauen. Sich mit Techniken aus verschiedenen Beratungsansätzen zu beschäftigen, erlaubt, über den Tellerrand eines Beratungsansatzes zu schauen und dabei auf interessante Konzepte zu stoßen. Die Beschäftigung zeigt Schritte auf, den persönlichen Beratungsstil zu verbessern, ihn neu auszuloten bzw. zu fundieren, um eine Entwicklung von einer konfessionellen (beratungsschulenspezifischen) zu einer professionellen Haltung anzustoßen (vgl. Grawe, Donati u. Bernauer, 1994).

Bei der Denk- und Vorgehensweise des klientenzentrierten Ansatzes nach Rogers (1991) wurde ein Konzept vermittelt, dass a) die Basisvariablen Akzeptanz, Empathie und Kongruenz als eine auf die Weltsicht der Klientin hin ausgerichtete Haltung darstellte und b) das Vorgehen der Beraterin stark auf das Verbalisieren und Paraphrasieren der Klientinnenäußerungen fokussierte. Das Stellen von Fragen wurde dabei als Reaktion ausgeschlossen. Wohl wurde eine fragende Modulation der Stimme beim Verbalisieren empfohlen. Auch wurden mit dem Satz »Ratschläge sind Schläge« Anregungen ausgeklammert. Werden solche Annahmen bzw. Erfahrungen zur Norm oder zum Verbotsschild erhoben, schränken sie die Profilierung der Beraterin ein. An dieser Stelle sei an Lilly Kemmler, eine Lehrstuhlinhaberin für klinische Psychologie, erinnert, die in ihren Vorlesungen hervorhob, dass erfahrene Beraterinnen aus unterschiedlichen Ansätzen sich in ihrem Vorgehen ähnelten, wohingegen Anfängerinnen sich stark voneinander unterschieden.

Unterschiede sind alltäglich. Dazu ein kleines und einfaches Beispiel: In einer Erziehungsberatungsstelle wollen sich bei Arbeitsbeginn zwei Mitarbeiterinnen zu einer Intervision verabreden und tauschen sich deshalb kurz darüber aus, welche Aufgaben für sie jeweils an diesem Arbeitstag anstehen, um eine Zeit für ein Treffen zu vereinbaren. Eine der Kolleginnen resümiert anhand ihres Kalenders laut: »Gleich habe ich zwei Einzelgespräche und einen längeren Diagnostiktermin. Im Nachmittagsbereich steht eine Familien- und eine Paarberatung an. Dazwischen habe ich Zeit für eine Intervision.« Die andere Kollegin schaut daraufhin in ihren Kalender und äußert: »Heute Nachmittag stehen für mich zwei Beratungen an, eine davon telefonisch. Bei mir passt eine Intervision gegen 15:30 Uhr.«

In dieser kurzen Szene werden mehrere Unterschiede benannt. Das ist zunächst die Unterscheidung von Tageszeiten und im nächsten Schritt die zwischen Aufgaben und Settings. Eine Person spricht allgemein von Beratungen und bezeichnet in diesem Zusammenhang eine davon als telefonische Beratung; unausgesprochen wird mitgedacht, dass die andere Beratung in Präsenz stattfindet – denkbar wäre ebenfalls ein Videogespräch. Die andere Person differenziert zwischen Einzelgesprächen, Paar- und Familienberatung und Diagnostik. Hiervon kann wiederum die Intervision abgegrenzt werden – verstanden als fachliches Gespräch unter Kolleginnen über einen Fall.

Das kleine Gedankenspiel zeigt auf, dass mit jedem Wort und seinem Kontext ständig Unterschiede erzeugt werden – auch darüber, worüber explizit und worüber nicht geredet wird. Je nach Beobachtungsstandpunkt sind die aufgelisteten Differenzierungen nicht oder nur teilweise relevant. Im Hinblick auf das gemeinsame Anliegen, einen Termin zu finden, spielen sie eine untergeordnete Rolle. Bezogen auf das fachliche Selbstverständnis der Beraterinnen könnten sie hingegen interessant sein.

Unterschiedsbildungen sind allgegenwärtig, aber nicht immer bewusst. Sie erlauben, Gegenstände voneinander abzugrenzen. Ein Alltagsbeispiel dazu: Wie lange wird ein Gegenstand als Tasse betrachtet, wann als Becher oder Pott und wann als Krug? Welche Feinheiten tragen dazu bei, den Gegenstand mit genau der Bezeichnung A und wann aber mit einer Bezeichnung B zu versehen? Im Kontakt mit Klientinnen und bei der Beschreibung ihrer Lebenssituationen laufen ähnliche Phänomene ab. Was führt dazu, dass eine Klientin als traurig, trauernd, melancholisch, resigniert oder depressiv beschrieben wird? Was geschieht in den Köpfen der Kolleginnen, die in einer Fallbesprechung hören, dass die Klientin depressiv erscheint? Fragen sie sich, ob es sich um eine Diagnose handelt und wer sie vorgenommen hat? Wollen sie wissen, welche Symptome des Störungsbildes »Depression« die Klientin zeigt? Sind sie geneigt zu fragen, ob die Klientin eine Neigung zu suizidalen Absichten zeigt? Oder interessiert sie, wer diese Beschreibung verfasst hat? Hat die fallzuständige Kollegin sie übernommen oder ist sie selbst zu dieser Einschätzung gekommen? Wie würde die

Klientin sich selbst beschreiben? Wie würde ihre Umgebung über sie berichten?

Fallskizze. Eine Mutter, die in einer psychotherapeutischen Praxis für Kinder und Jugendliche tätig ist, stellt ihre 17-jährige Tochter in einer Beratungsstelle mit der Beschreibung vor, dass sie depressiv sei. Dass Jugendliche während ihrer Pubertät depressive Phasen erleben, ist nicht ungewöhnlich. Die Tochter als Klientin berichtet davon, dass sie wenig Kontakte zu Gleichaltrigen habe. Mit einer Mitschülerin stehe sie freundschaftlich in Kontakt, beide seien sie eher Außenseiterinnen im Klassenverband. Sie sei oft allein, da ihre Mutter berufstätig sei. Man könnte von einem sozialen Rückzug sprechen, der mit dem Label »depressiv« in Zusammenhang stehen kann. Kritisch zu beäugen ist, dass diese Beobachtung dazu führen kann, nach weiteren korrespondierenden Informationen zu suchen. Der Blick auf die Jugendliche verändert sich, wenn die Information in den Vordergrund gestellt wird, dass sich ihre Eltern vor Kurzem als Paar getrennt haben. Verbunden mit der Trennung war ein Umzug der Mutter in ihren Heimatort. Die Tochter wohnte zunächst weiterhin mit ihrem Vater zusammen. Da die Mutter sich an ihrem Heimatort einsam fühlte, bat sie ihre Tochter eindringlich, zu ihr zu ziehen, was diese schließlich im gegenseitigen Einvernehmen tat. Die Konsequenz war, dass sie ihre Jugendgruppe, in der sie sich wohlfühlte, und ihren Schuljahrgang, in dem sie mehrere gute Beziehungen unterhielt, dafür verließ, ohne auf etwas Adäquates am Wohnort ihrer Mutter zu treffen. Sie bedauerte, nicht mehr regelmäßig mit der Jugendgruppe in Kontakt zu sein, und war zugleich unglücklich über die mangelnde soziale Vernetzung am neuen Wohnort. Als deutliche Ressource zeigte sich, dass sie den Kontakt zu der Jugendgruppe aufrechterhielt. Bezeichnet man sie als trauernd um die zahlreichen Abschiede, verändert sich der Blick auf die Jugendliche und ihre Bedarfe und sicherlich auch auf die diagnostische Hypothese.

Mithilfe von Unterscheidungen erschließen sich Menschen ihre verschiedenen Erfahrungswelten. Die Unterschiede bieten Orientierung. Der dreidimensionale Raum beispielsweise erschließt sich über die Unterscheidungen zwischen vorn versus hinten, links versus rechts und oben versus unten. Diese Bezeichnungen bilden ein Koordinatensystem, das Bewegungen im Raum erfahr- und beschreibbar macht. Bestimmbar sind sie durch Größen wie Länge, Höhe und Tiefe. Dasselbe gilt für das Erleben von Zeit. Mit den Worten »jetzt«, »zukünftig« und »damals« werden Zeitdimensionen markiert. Uhren und Zeitzonen helfen, Sekunden, Minuten, Stunden sowie Tage zu bestimmen. Im sozialen Miteinander wird von Kontakten, Begegnungen, Beziehungen und Partnerschaften gesprochen. Differenzierungen werden über Kategorien wie nah und fern, oben und unten, drinnen und draußen oder fest und locker hergestellt.

Unterscheidungen zeigen sich zudem in Vergleichen. Das wird deutlich in einem Blickwechsel: Im Vergleich mit der Welt der Elementarteilchen erscheinen Menschen riesig, im Vergleich mit dem Universum winzig. Solche Vergleiche erzeugen eindrückliche Bilder, die erlauben, Relativierungen vorzunehmen. Auf der Erde erleben wir Raum und Zeit als stabile Größen. Das ändert sich, wenn Weltraumreisen stattfinden. Raum und Zeit wandeln sich zu relativen Größen, wenn sich ein Raumschiff mit großer Geschwindigkeit durch den Weltraum bewegt. Entfernungen, die von der Erde aus betrachtet als gigantisch empfunden werden, sind für eine sich schnell bewegende Weltraumreisende weniger riesig. Das gilt zudem für die Zeit. Wäre es möglich, einen Moment auf die Uhr desselben Raumschiffs zu blicken, fiele auf, dass sich die Zeiger der Uhr im Raumschiff langsamer bewegen als auf meiner Armbanduhr. Beide Phänomene werden als Längenkontraktion und Zeitdilatation bezeichnet. Der Grund hierfür ist, dass die Lichtgeschwindigkeit eine immer konstante Größe ist (vgl. hierzu Galfard, 2022). »Wir können uns nicht auf unsere Intuition verlassen, wenn wir Raum, Zeit, Entfernungen und Zeitintervalle beschreiben wollen. Was für die einen die Länge von einem Meter hat oder eine Sekunde dauert, muss für die anderen nicht dasselbe sein, und auch die Wahrnehmung einer Abfolge von Ereignissen kann sich unterscheiden« (Galfard, 2022, S. 59). Das Wissen um die *Relativität* inspiriert dazu, Standpunkte in Relation zu setzen und Wissen miteinander zu vernetzen (S. 59).

Der Gedanke der Relativität kann ebenfalls auf Spannungsbögen übertragen werden. Betrachtet werden können ab diesem Moment zwei ungleiche Standpunkte und ein Spannungsverhältnis. An einer der Positionen der Differenz innerhalb des Spannungsbogens zu stehen, erzeugt ein anderes Wissen, andere Bilder, die sich von denen unterscheiden, die entstehen, wenn jemand in der Spannung steht oder wenn jemand auf dem Spannungsbogen surft. Drei Konzepte aus dem systemischen Denken laden zum Surfen auf den Spannungsbögen ein. Das ist zunächst Maturanas und Varelas (1984) Hinweis: »Alles, was gesagt wird, wird von einem Beobachter gesagt.« Dann geht es um die Aussage »Eine Information macht einen Unterschied, der einen Unterschied macht« – sie geht auf Gregory Bateson (1985) zurück – und schließlich um das Schema der System-Umwelt-Differenz, das zur Systemtheorie nach Niklas Luhmann (1997) gehört.

Unterschiedsbildungen sind Konstruktionsleistungen

Im Hinblick auf Differenzen ist maßgeblich, wer was von welchem Ort aus wie beobachtet. Zur Erinnerung: Eine *Beobachtung* wird gefasst als ein Vorgang, in dem eine Unterscheidung und Bezeichnung vorgenommen werden. Im Hinblick auf eine Beobachtung kann im nächsten Schritt die Beobachterin von der Beobachteten und von der Beobachtung unterschieden werden. Dazu ein Beispiel:

Mal angenommen, eine Patchworkfamilie hat ein Beratungsanliegen. Gekommen sind zwei Erwachsene und zwei von drei Kindern. Der Sohn des Mannes hält sich gerade bei der Kindesmutter auf. Er kommt zweiwöchentlich zu Besuch. Das ältere Mädchen, das mit zur Beratung gekommen ist, stammt aus einer früheren Beziehung der Frau. Das jüngere, anwesende Kind ist ein gemeinsames Kind des Paares. Je nachdem, wer gefragt wird, entstehen andere Beobachtungen und Beschreibungen der familiären Wirklichkeit. Wird der Mann gefragt, wer heute mit zur Beratung gekommen ist, dann könnte seine Antwort lauten: »Mein Sohn aus meiner ersten Beziehung fehlt heute leider, er lebt zurzeit bei seiner Mutter. Meine neue Partnerin ist mit ihrer Tochter hier. Und Lea ist die Jüngste hier im Raum, sie ist unsere gemeinsame Tochter.« Wird das jüngste Kind interviewt, könnte es auf die Frage, wer heute mit in die Beratung gekommen ist, antworten: »Mama, Papa und meine Schwester sind heute hier, mein Bruder ist bei seiner Mama.« Das ältere Mädchen könnte sagen: »Meine Mama, ihr Partner und meine Halbschwester sind heute hier, mein Stiefbruder fehlt, er ist gerade bei seiner Mama.« Die Frau könnte auf die Frage hin äußern, dass ihre beiden Töchter heute dabei sind, ihr Stiefsohn fehle, und ihr Mann sei auch mitgekommen.

Jede Beschreibung weckt andere Bilder bei der Zuhörerin. Und sie deuten an, wie unterschiedlich sich eine Familie je nach Beobachtungsperspektive verstehen kann. Manchmal braucht es eine Außenstehende, eine Beraterin, die hilft, andere Unterscheidungen vorzunehmen, sodass neue Sichtweisen und Möglichkeiten entstehen. Wenn Unterscheidungen getroffen und diese bezeichnet werden, werden *Informationen mit bedeutsamen Unterschieden* geschaffen. Mal angenommen, auf einem quadratischen weißen Blatt Papier wird ein Strich gezogen. Ab diesem Zeitpunkt wird die weiße Fläche in zwei Bereiche unterteilt. Es wird ein Unterschied zwischen der linken und rechten Seite oder zwischen einem Oben und Unten erzeugt. Wird nun in einem der Bereiche ein Kreis gemalt, wird der Unterschied verstärkt – beschreibbar als Bereich mit und ohne Kreis. Wird eine Unterscheidung eingefügt, dann werden mit der Unterscheidung andere Unterschiede abgeschattet. Ein Kind wird als passiv-aggressiv beschrieben, indem es sich weigert zu sprechen. Ausgeschlossen wird damit, das Kind als ruhig oder als unaufgeregt oder als unsicher zu beschreiben. Jeder Unterschied, der hergestellt wird, führt zu anderen Anschlüssen in der Kommunikation über das Thema und mit dem Kind.

Nicht jeder Unterschied, der formuliert wird, wird als ein relevanter Unterschied erlebt. Was relevante Unterschiede sind, lässt sich über die Unterschiedsfragen der Beraterin herauskristallisieren. Klientinnen zu anderen Sichtweisen oder Handlungen einzuladen, gelingt über für sie bedeutsame Unterschiede, die sie erkennen.

Ein Mann und eine Frau, die als Paar zusammenleben, klagen darüber, dass sie beim abendlichen Gespräch im Wohnzimmer beide den Eindruck hätten, sie würden sich nicht verstehen. Auf die Frage der Beraterin, was passieren müsste, damit sie erleben könnten, sie würden sich besser verstehen, antwortet die Frau, dass ihr Mann sie anschauen würde, wenn er mit ihr im Gespräch sei. Während er über seinen Tag und seine Erlebnisse spreche, liege er für gewöhnlich auf dem Sofa, verschränke seine Arme hinter dem Kopf und schaue zur Decke. Bei ihr entstehe der Eindruck, dass er einen Monolog führe, bei dem sie nur zuhören solle, und er seinerseits kein Interesse an ihr zeige. Der relevante Unterschied beim gemeinsamen Gespräch ist ein kontinuierlicher Augenkontakt, über den die Frau Interesse und Wertschätzung erlebt. Dem Mann war die Wirkung seines Verhaltens nicht bewusst.

Ein anschauliches Instrument, Unterschiede herzustellen und zugleich sichtbar und erfahrbar zu machen, sind Skalen, die auf dem Boden des Raums etabliert werden – abgekürzt *Skalenfrage im Raum.* Dafür gilt es zunächst das Anliegen der Klientin zu erfragen. Mal angenommen, die Klientin äußert als Anliegen, dass sie zufriedener mit ihrer Arbeitsweise beim Erstellen von Tischvorlagen sein möchte. Mit diesem Wissen ist es möglich, eine Skala auf dem Boden des Raumes zu markieren. Es wird ein Punkt festgelegt, der die 10 darstellt. Die 10 beschreibt eine optimale Zufriedenheit mit ihrer Arbeitsweise im Hinblick auf Tischvorlagen. Gegenüberliegend – auf einer Linie gedacht – wird die 1 auf dem Boden als Punkt bestimmt. Die 1 steht für den Zeitpunkt der Entstehung des Wunsches, zufriedener zu sein.

Ist die Skala als imaginäre Linie zwischen Karteikarten, die für die 1 und die 10 stehen, markiert, wird die Klientin im nächsten Schritt gebeten, sich auf der Skala zu positionieren, wo sie sich gerade im Hinblick auf ihre Zufriedenheit befindet. Vorstellbar ist nun, dass die Klientin sich auf einen Punkt stellt, den sie als 3 definiert. Hier wird ein erster bedeutsamer Unterschied erzeugt, den die Klientin definiert. Dieser Punkt wird mit einer Karteikarte auf dem Boden angezeigt. Mit Blick auf die 1 – die 10 liegt im Rücken der Klientin – kann die Beraterin jetzt erkunden, was die Klientin bereits alles unternimmt, dass sie bei der 3 stehen kann. Dieses Interview bietet die Möglichkeit, Ressourcen der Klientin herauszufinden. Die genannten Ressourcen werden dann auf Karteikarten notiert und auf die Wegstrecke zwischen der 1 und der 3 gelegt. Lohnenswert ist es, sich für diese Form der Ressourcenaktivierung Zeit zu nehmen. Wenn die Klientin mitteilt, dass ihr keine weiteren Ressourcen bewusst werden, steht der Schritt an, einen relevanten Unterschied in Richtung auf die 10 zu visualisieren. Die Beraterin könnte einleitend fragen: »Was ist für Sie ein nächster kleiner Schritt in Richtung auf Ihr Anliegen? Könnte es eine 4 oder ein Wert zwischen 3 und 4 sein?« Wählt die Klientin von sich aus die 3,8 als relevanten nächsten kleinen Schritt, dann bittet die Beraterin sie, diesen Punkt auf der Skala mit einer weiteren Karte festzulegen. Beide begeben sich dann auf die 3,8. Da es nicht um die Wegstrecke von 3 nach 3,8 geht – dann nämlich würden die Schritte dahin in den Fokus gestellt –, kann es sinnvoll sein, einen übertrieben großen Schritt auf die 3,8 zu machen. Es wirkt für Beobachtende so, als würden beide sich über eine Wasserpfütze bewegen, um nicht nass zu werden. Dieser Schritt leitet eine Zukunftsorientierung ein und achtet zugleich auf eine Kleinschrittigkeit. Auf der 3,8 stehend regt die Beraterin die Klientin an, die Verbesserungen in den Blick zu nehmen. Die genannten Unterschiede werden wiederum auf Karten notiert und um den Punkt 3,8 herum auf den Boden gelegt. Zudem kann der Transfer in den Alltag bedacht werden: »Wie und woran merken Sie, und wer merkt es noch, dass Sie demnächst auf 3,8 sein werden?« Auch über diese Frage kann eine Differenz gebildet werden.

Unterschiede zu benennen, ist eine *Konstruktionsleistung*. Sie gehen auf die Leistungen einer Beobachterin zurück. Das wird im Zusammenspiel der Mitwirkenden in einem *Reflektierenden Team* (RT; Andersen, 1994) deutlich erkennbar. Grundlage für die Reflexion ist eine zuvor beobachtete Sequenz eines Beratungsprozesses, in der z. B. eine Beraterin und eine Klientin miteinander interagieren. Die drei bis vier Mitwirkenden des RT stehen vor der Aufgabe, ein kurzes (etwa achtminütiges) Gespräch oder einen Polylog über das just stattgefundene Gespräch zu führen. Sie orientieren sich in ihrem Gespräch an einer Minimalstruktur. Das sind die Aspekte a) Formulieren von Anerkennung und Würdigung des Leids, b) Reformulieren des Anliegens und c) Geben von Anregungen. Wo möglich, werden wahrgenommene Ressourcen hervorgehoben. Beim Gespräch über die Beratungssequenz geht es allgemein um ein Gespräch, in dem die Beobachtungen in Form von Resonanzen ausgetauscht werden. Um zu vermeiden, dass konsensuell gesprochen wird, wissen die Mitwirkenden im RT, dass es darum geht, Unterschiede zu erzeugen, wertschätzende und hypothetisierende Beiträge zu liefern. Diese Unterschiede werden aktiv hergestellt, sie werden konstruiert, um der Klientin als Zuhörender verschiedene Optionen anzubieten, die sie bei Bedarf im weiteren Gespräch mit der Beraterin aufgreifen kann.

Ein Blick auf die Verträglichkeit von Differenzen

Sprache ermöglicht ein Nachdenken über sich selbst. Sie ist ein fortlaufender Differenzierungsprozess. Dafür ist die Differenz der Wörter maßgeblich (vgl. Luhmann, 2004, S. 68). Differenzen prägen somit

Kommunikationen. Mit welchen zahlreichen Unterscheidungen Menschen operieren, ist ihnen nicht immer bewusst. Um im Beratungskontext Klientinnen zu einem anderen Blick auf ihre Situation einzuladen, erscheint es nützlich, als Beraterin aktiv nach Unterschieden zu fragen, sie gegebenenfalls mit Wörtern neu zu konstruieren. Unterstützt man Klientinnen, in einen Trancezustand zu gehen, tauchen bei der Klientin nicht selten sich widersprechende Bilder auf. Eine Weise, diese unterschiedlichen Bilder sprachlich zu begleiten, besteht aus dem Kommentar der Beraterin: »Ja, genau, da ist Phänomen X« Äußert die Klientin einige Sätze weiter das Gegenteil von Phänomen X, begleitet die Beraterin sie ebenfalls mit der Äußerung »Ja, genau. Und dann ist da das Phänomen Y (Gegenteil von Phänomen X).« Es wird eine *Haltung des Sowohl-als-auch* erzeugt. Sie erlaubt, beide geschilderten Bilder bzw. Phänomene in den Blick zu nehmen, um dann neugierig zu sein, was geschieht, wenn diese beiden *Differenzen verträglich, respektvoll und wertschätzend nebeneinandergestellt* werden. Die geschilderte Ambivalenz wird zugelassen, ohne sie aufzulösen. Dieser Schritt ermöglicht für gewöhnlich neue Erkenntnisse, die gewonnen werden, weil beides als gleichwertig betrachtet wird.

Der Begriff *Differenzverträglichkeit* stammt von Hans Saner (2013), er verweist auf die Kompetenz, den Lebensstil und die Werthaltungen anderer Menschen sowohl zu bestreiten als auch zu achten, obwohl sie nicht geteilt werden. Damit werden Polarisierungen in eine intensive wie respektvolle Auseinandersetzung gebracht. Die Grundlage für diese Fähigkeit zeigt sich darin, kämpferisch für die eigenen Sichtweisen einzutreten und zugleich andere, widersprüchliche Sichtweisen als gleichermaßen berechtigt zu bewerten. Eine Differenzverträglichkeit sucht die Kontroverse und fordert auf, gegensätzliche Meinungen differenziert zu reflektieren. Es entsteht ein Raum, in dem Differenzen, Spannungen Platz haben, sogar gewollt sind und geachtet werden. Möglicherweise können unterschiedliche Positionen dann produktiv genutzt werden. Die Rede von einer Differenzverträglichkeit schärft das Bewusstsein, wie konstruktiv mit Unterschieden umgegangen werden kann. Dafür sorgt das Zusammenspiel von aufrechter Positionierung mit der Anerkennung der differenten Position (vgl. hierzu Nolten u. Obermeyer, 2021a).

Kompatibel mit diesem Begriffsverständnis sind Carolin Bebeks Überlegungen zu einer *postsouveränen Beweglichkeit*. Der Begriff *Postsouveränität* geht auf Judith Butler (2007) zurück. Bebek und Holkenbrink (2015) verstehen darunter, ein Bewegungsprinzip zu etablieren, das bewusst eine gegebene Spannung zwischen Souveränität und Nicht-Souveränität aufrechterhält. Die Bewegungen vollziehen sich beispielsweise zwischen einem Sich-Behaupten und einem Sich-Einlassen bzw. Sich-Aussetzen. Die Spannungen werden nicht aufgelöst. In den Bewegungen zwischen diesen Positionen kann sich eine Person in ihrer eigenen Subjektivität und ihr Gegenüber in seiner fremden Subjektivität anders erfahren. Für einen produktiven Umgang mit dem Bewegungsprinzip der Postsouveränität schlagen sie für die Praxis vier Aspekte vor. Das sind a) eine Sensibilität für das Gegenüber, die auf Offenheit und Neugier gründet, b) ein Berücksichtigen des Risikos zu scheitern durch ein (Nicht-)Aushalten der Spannung, c) ein spielerischer Umgang, der sich flexibel, stimmig, kritisch und wandlungswillig zeigt sowie d) Raum und Zeit dafür einrichtet. Interessant für den Umgang mit Spannungsbögen ist ein dynamisches Wechselspiel, in dem Gemeinsamkeiten bedacht werden sowie Unterschiede berechtigt sind und klar benannt werden. Konflikte, Spannungen und Unterschiede gehören notwendigerweise dazu (vgl. Nolten u. Obermeier, 2021b, S. 6 f.).

Wolfgang Ruthemeier (2021) veranschaulicht eindrücklich, wie eine Fallsupervision in einem Jugendamt im Sinne einer Differenzverträglichkeit gewinnbringend gestaltet werden kann. Differenzen entstehen unmittelbar, wenn das Kindeswohl durch Gewalt in familiären Systemen gefährdet erscheint. Sichtweisen, die sich auf ein Verstehen des gewalttätigen Verhaltens einlassen, rufen starke Spannungen hervor, weil sie eine Toleranz abverlangen, die die eigene Moral herausfordert und den Erwartungsdruck, Kinder unbedingt zu schützen, auf die Mitarbeitenden eines Jugendamtes unmittelbar auslöst. Dahinter steht eine Null-Toleranz-Haltung im Hinblick auf Gewalt gegenüber Kindern und Jugendlichen. Eine Multiperspektivität und ein Verstehen aller Familienmitglieder und ihrer Verhaltensweisen werden damit deutlich erschwert. Zudem wird ein Verstehen von Positionen, die mit Gewalt verbunden sind, durch die sozialpolitische Intoleranz gegenüber Gewalt behindert.

Plurale Positionen für ein multiperspektivisches Fallverstehen zu besetzen, provoziert Differenzen. Die Differenzen über das Verstehen aller, auch schwieriger Positionen herzustellen und respektvoll zu halten, stellt eine sinnvolle Herausforderung dar. Das benötigt eine Offenheit und Neugier gegenüber dem Fremden und Schwierigen. Ruthemeier betont mehrere Aspekte, die zu einem Gelingen einer Fallberatung im Sinne einer Differenzverträglichkeit beitragen. Das sind a) das Anerkennen von Subjektivität, b) das Zulassen von Vielfalt, c) das Erlauben von tabufreien Zonen, d) das Herstellen einer angstfreien Atmosphäre und e) das (Aus-)Halten von Spannungen (Ruthemeier, 2021, S. 31 ff.). Eine Haltung der Differenzverträglichkeit trägt dazu bei, auf der Grundlage einer Multiperspektivität Handlungsoptionen zu entwickeln.

Übertragen auf das Handeln als Beraterin regt die Beschäftigung mit der Differenzverträglichkeit dazu an, auf dem Hintergrund eigener Erfahrungen und konträrer Beobachtungen Gewissheiten über Haltung, Menschenbild, Methoden und Techniken eines Ansatzes respektvoll zu hinterfragen, die bei der Ausbildung vermittelt wurden. Eine solche Position fordert zur kritischen Nachdenklichkeit auf. Sogenannte Gewissheiten erzeugen zunächst einmal eine Sicherheit darüber, wie die Beraterin im Umgang mit einer Klientin verfahren sollte. Sie liefern ein Geländer für die eigene Selbstdefinition und das eigene, an Souveränität orientierte Vorgehen als Beraterin. Es lohnt sich in jedem Fall, Normen und Werte eines Ansatzes zu verstehen, sie zu erproben und damit eigene Erfahrungen zu sammeln. Normen und Werte stellen Gebots-, aber keine Verbotsschilder dar, auch wenn sie gelegentlich als solche vorgestellt werden. Sie erinnern daran, was als bedeutsam betrachtet wird und wo Behutsamkeit, Vorsicht und Nachdenklichkeit in der Begegnung unbedingt sinnvoll erscheinen.

Daher empfiehlt sich der Blick über den Tellerrand des eigenen Beratungsansatzes hinaus. Wie positionieren sich andere Ansätze zu einem Phänomen? Gerade wenn widersprüchliche Aussagen zu einem Phänomen bestehen, entstehen Differenzen, die von Interesse sein können. Werden diese Differenzen als willkommene Einheit genommen, laden sie zu einer intensiven Beschäftigung ein, die im besten Fall die Spannung nicht auflöst, sondern hält, um eine Klientin aus Sicht der Beraterin anregend zu aktivieren. Das ist z. B. die Frage: Soll ich das Schlüsselwort der Klientin zitierend aufgreifen oder sinngemäß paraphrasieren? Mit einer Paraphrase könnte eine Irritation entstehen. Die Irritation eröffnet die Chance, dass die Klientin andere Sichtweisen bzw. Bewertungen für sich entwickelt.

In den bisherigen Überlegungen geht es hauptsächlich um Differenzen über das eigene Beraterinnenhandeln, die sich in der Auseinandersetzung mit der eigenen Haltung zeigen. In der Beratungssituation ist denkbar, dass die Beraterin sich im inneren Dialog bewusst oder intuitiv für ein Vorgehen entscheidet und damit Angebote für den Beratungsprozess einbringt, die den Fokus verändern können, aber nicht müssen; denn die Absicht der Beraterin kann im Verstehen der Klientin anders gedeutet werden und zu anderen kommunikativen Reaktionen führen. Humberto Maturana wird die Aussage zugeschrieben: »Ich bin in hohem Maße dafür verantwortlich für das, was ich sage, ich bin nicht verantwortlich für das, was mein Gegenüber versteht.« Besteht eine tragfähige Beziehung der Beraterin zur Klientin, ist eine Kontroverse der Beraterin mit der Klientin über bestimmte Einschätzungen zu deren Lebensvollzug denkbar, indem entsprechende Differenzen im Sinne einer Verträglichkeit aufrichtig nebeneinandergestellt werden. Die Klientin erfährt auf diese Weise eine starke Anregung über einen Spannungsbogen. Die Differenzverträglichkeit kann somit sowohl für intra- als auch für interpsychische Prozesse nützlich angewendet werden.

Hierzu eine Situation aus der Beratungspraxis. Muss ein junger Mensch statt in seiner eigenen in einer anderen Familie leben und wird dies als Hilfe zur Erziehung geregelt, rückt die Frage in den Vordergrund, ob und wie der Kontakt des Pflegekindes zu seinem Herkunftssystem und anderen ihm wichtigen Menschen gestaltet werden soll. Von Beginn an ist ein grundsätzliches Spannungsverhältnis zwischen Pflegeeltern, Pflegekind und Herkunftssystem gegeben. Diese Dynamik ist nicht selten von unterschiedlichen, sogar gegenläufigen Grundhaltungen in den Diensten der Jugendhilfe geprägt; fachliche Positionen, die das Dreieck der beteiligten Menschen als gegebene Bedingung einordnen, treffen auf eine fachliche Leitidee, die nur eine Familie als Orientierung zulässt. Vorhersagbar ist, dass das Thema Wirkungen entfalten wird. Einflussgrößen sind dabei auf der einen Seite die Sichtweise der beteiligten Erwachsenen und deren Verständnis von Elternschaft und auf der anderen Seite die Bedürftigkeit des Kindes, das wissen muss, ob es vor den alten Konflikten und den bisherigen schwierigen Lösungen durch das Agieren der Erwachsenen geschützt ist. Es entsteht eine menschlich wie fachlich anspruchsvolle Mischung an Themen, die nicht leicht geregelt werden können. Gut abgewogene Entscheidungen können oft erst auf den zweiten oder dritten Blick getroffen werden. Auch diese Erfahrung liefert einen Grund, Spannungen auszuhalten und nicht überstürzt zu handeln.

Pflegeeltern sind in der Regel mit sporadischen Kontakten zwischen dem Kind und dem Herkunftssystem einverstanden, wenn betreuende Jugendhilfedienste dies als notwendig markieren. Herausfordernd kann es für sie werden, wenn ein Jugendlicher, den sie bereits seit seiner frühen Kindheit als Pflegeeltern begleiten, von sich aus mehr Kontakt zu einem leiblichen Elternteil einfordert und mehrtägige Besuche damit verbunden sind. In manchen Fällen werden diese Bedürfnisse des Jugendlichen als Infragestellung der eigenen Rolle und des eigenen Engagements verstanden. Das Kontaktanliegen wird skeptisch beäugt und erzeugt innere wie äußere Spannungen, wenn es als bedrohlich eingestuft wird. Diese Spannungen bewusst wahrzunehmen, sie zu halten, bietet sowohl den Pflegeeltern, dem Pflegekind als auch den Angehörigen des Herkunftssystems die Gelegenheit, die Entwicklungen des Heranwachsenden, seine wie auch die eigenen Bedarfe und Bedürfnisse neu zu reflektieren. Die Spannungen anzunehmen, ohne sie dabei in Abwertungen oder Exklusionen zu überführen, ermöglicht dem Pflegekind, sich mit sich auseinanderzusetzen, seinen Standort zu bestimmen und eine für sich geeignete Selbstdefinition auszubilden. Den Pflegeeltern bietet es die Chance, ihre Motive, ihr Rollenverständnis, ihre Verantwortlichkeiten und ihre Beziehungsgestaltung bzw. emotionale Bindung neu auszuloten. Wird die Differenz als verträglich erfahren, vermag sie Impulse dafür zu generieren, wie das Kind auf seinem Weg hilfreich begleitet werden kann. Nicht selten erlebt das Pflegekind die spürbare Einfühlung bereits als einen Gewinn.

Für eine Beratung lassen sich verschiedene Spannungsbögen formulieren. Jeder Spannungsbogen vereint Gegensätze. Sie zu kennen, erlaubt der Beraterin, sich reflektiert auf den Beratungsprozess einzulassen. Denn in jedem Gegensatz wohnen Erkenntnisse inne, um die eigene Prozesskompetenz zu profilieren. Im ersten Angang löst ein Spannungsverhältnis Unsicherheit aus; im zweiten Angang bei näherer Betrachtung zeigt es auf, welche Handlungsoptionen der Beraterin zur Verfügung stehen, um Klientinnen sicher zu begleiten. Das bedeutet jedoch nicht, dass jeder Spannungsbogen thematisiert und ausgehalten werden sollte. Das liegt im Ermessensspielraum jeder Beraterin (vgl. auch Nolten u. Holkenbrink, 2021b).

2 Beratungsjazz

»Jede Unterhaltung ist eine Form von Jazz.«
(Nachmanovitch, 2013, S. 27)

Wie jazzig kann eine Beratung sein? Um dieser Frage nachzugehen, erscheint es zunächst angebracht, das Typische der Musik bzw. des Jazz und der Beratung zu skizzieren. Die Überschrift scheint die Ausgangsfrage bereits zu beantworten. »Beratungsjazz« ist ein Kunstbegriff, mit dem keine neue Stilrichtung des Jazz oder ein neuer Beratungsansatz proklamiert werden soll. Beabsichtigt ist, zwei Formate aufeinander zu beziehen, die jeweils mit einem eigenen Zeichensystem operieren. »Jedes Instrument oder Medium hat seine eigene Sprache« (Nachmanovitch, 2013, S. 20). Gespräche kennen Laute, Wörter, Sätze, Grammatik sowie non- und paraverbale Äußerungen; sie vollziehen sich in kommunizierten Mitteilungen. Musik baut auf Noten, Tonarten, Rhythmen, Arrangements und so weiter auf. Das ist ein anderes Zeichensystem. Ihren Ausdruck findet Musik im Miteinander von Instrumenten und Stimmen. Ein attraktives wie zentrales Merkmal des Jazz der heutigen Zeit bilden im Vergleich zum notierten Zusammenspiel in der Musik die zahlreichen Möglichkeiten zur *Improvisation.* »Der Jazz ist […] in seiner Vielgestaltigkeit nicht vom Improvisieren zu trennen« (Bertram u. Rüsenberg, 2021, S. 31). Die Improvisation ist in das Zentrum des Jazz gerückt worden. Allerdings sollte Improvisation nicht mit Jazz gleichgesetzt werden; denn es gibt auch Jazz, der ohne Improvisation auskommt (S. 23). Und auch Improvisation, die ohne Jazz auskommt. »Qualitäten der Vermittlung von Sinn, Meinung und von Deutung sind nur über den Klang, d. h. über das Ohr möglich« (Müller-Bech, 1987, S. 69, zitiert nach Busch, 1996, S. 103). Beiden Formaten gemeinsam ist, dass sie unserer Ohren als Sinnes- und

Erkenntnisorgan bedürfen: Schallwellen, die auf unser Trommelfell treffen, werden im Innenohr gewandelt, im Gehirn verarbeitet und mit Bedeutung versehen. Vor allem durch das konzentrierte Hin- und Zuhören gelingt es, in Prozesse einzutauchen. Denn es ist mit Unerwartetem zu rechnen. Aktionen, die unerwartet stattfinden, provozieren sinnvolle kommunikative bzw. musikalische Anschlüsse. Beratungsgespräche und Jazzmusik ereignen sich in einem Prozess – das ist hier die These. Ihr Charakter, ihre Vitalität, ihr Nutzen und ihre Schönheit hängen wesentlich von der Improvisationsfertigkeit und dem Improvisationswillen der Beteiligten ab. Die Bezeichnung *Beratungsjazz* fokussiert auf das Potenzial des Improvisierens und geht den Fragen nach: »Wie können professionelle Gespräche vom Jazz profitieren?« und »Wie erlernen Beratende das Improvisieren?«.

Was macht Jazz aus?

Jazz ist eine Musikrichtung, die unter ihrem Dach unterschiedliche Stile vereint (vgl. Busch, 1996, S. 23). Über Jazzmusik lässt sich viel sagen. Was hier interessiert, ist, dass der Jazz der heutigen Zeit und Improvisation eng miteinander verknüpft sind. Ansatzpunkte zum Improvisieren bietet der Jazz in vielfältiger Weise: Stilistik, Harmonien, Tempo, Rhythmus, Melodie, Tonart und Skalen laden zu nahezu unerschöpflichen Variationen ein. Sigi Busch versteht eine Jazzimprovisation als eine Komposition, die aus dem Moment heraus entsteht; ihr besonderes Merkmal stellt das Zusammenspiel von Melodie, Harmonie, Klangfarbe, Form und Rhythmus dar (Busch, 1996, S. 24). Ähnlich äußern sich Musiker wie Keith Jarrett. Sie beschreiben Improvisationen als eine »spontane Erfindung aus dem Moment heraus, ohne erkennbare Vorbereitung« (Bertram u. Rüsenberg, 2021, S. 22). Der Fundus an *Leadsheets* ist immens. Leadsheets skizzieren das musikalische Thema in einer reduzierten Form, die sich in der Regel auf die Melodie, die Akkordfolge und den formalen Ablauf konzentriert (vgl. Sikora, 2003, S. 64). Das *Real Book* beispielsweise liefert eine umfangreiche Sammlung an Leadsheets, es enthält Standards – damit sind populäre Themen gemeint – und Originalkompositionen bedeutender Jazzmusiker (S. 64). Die Leadsheets bilden die Grundlage für Musiker, den Song auf ihre Weise zu arrangieren, zu interpretieren und kunstvoll wie improvisierend zu Gehör zu bringen.

Einige Optionen für das Improvisieren werden im Folgenden angedeutet. Akkorde können vielfältig auf einem Tasten- oder Saiteninstrument gegriffen werden. Sie können z. B. als Drei-, Vier- oder Mehrfachklang verstanden werden. Damit geht die Frage einher, welche Optionstöne zusätzlich gespielt werden können und sollen. Das hängt unter anderem von der Tonart oder den Tonartwechseln ab. Wie wird ein Akkord variiert, wenn er über mehrere Takte gespielt werden soll? Welche Umkehrungen sind denkbar, weil sie gut klingen, Entspannung herstellen oder Spannung erzeugen? Mit welchen Akkorden lässt sich der gesetzte Akkord umspielen? Könnte statt eines Mollakkords ebenfalls ein Durakkord gegriffen werden? Welche Freiheiten ergeben sich für das Harmonieinstrument, wenn der Bass den Grundton des Akkords verlässlich zupft?

Diese Fragen geben einen Hinweis darauf, welcher Variantenreichtum allein im Hinblick auf die Harmonien eines Songs besteht. Sie gehören in den Bereich des Arrangements, lassen sich aber ebenso der Improvisation zuordnen. Professionelle Jazzmusiker sind – während der Song gemeinsam gespielt wird – in der Lage, die Harmonien in Echtzeit zu interpretieren. Dies gelingt dann sinnvoll, wenn die beteiligten Musiker aufeinander hören und auf die Veränderungen in Harmonie, Melodie, Rhythmus sowie Tempo reagieren. Das Hin- und Zuhören erlaubt ihnen, die musikalische Idee zu verstehen. Das Wissen, dass die Mitmusiker die musikalischen Variationen registrieren, stellt eine wichtige Voraussetzung für ein ausdrucksstarkes Musizieren dar.

Nachdem ein Song von Musikern vorbesprochen ist, ist es beim anschließenden Vortrag nicht unüblich, im ersten Durchgang die notierte Melodie des Songs vorzustellen und sie zum Ausklang zu wiederholen. Dazwischen eröffnen sich zahlreiche Gelegenheiten für Improvisationen der beteiligten Musiker. Bei der Improvisation kann ein Teil der Melodie zur Erinnerung an den Songcharakter für den Zuhörer aufgegriffen werden. Im weiteren Verlauf ist es dann interessant, sie zu variieren, auszubauen, zu verfremden und neue Melodielinien entstehen zu lassen.

Improvisationen bauen auf Musikalität, Kreativität, innerlich vorgehörten Melodien, Wissen über musikalische Zusammenhänge, zahllose Übungsstunden, Erfahrungen im Zusammenspiel mit anderen Musikern und den Mut, das Eigene auch unkonventionell auszudrücken. Bei den vielen Übungsstunden am Instrument bilden sich Licks bzw. musikalische Phrasen heraus. Diese stellen kleine Einheiten dar, die eingebracht werden, einen Anfang zu gestalten, oder um sich in Stimmung zu bringen, wenn gerade eine zündende Idee fehlt. Sie beschreiben zudem die Vorlieben des Musikers. Eine Improvisation, die eingeübt ist, verliert ihren Charakter. Besser könnte man dann von einem einstudierten Solo sprechen. Ohne Frage kann dies virtuos vorgetragen werden und die Zuhörer begeistern. »Jeder gute Jazzmusiker kennt unzählige Tricks, auf die er zurückgreifen kann, wenn er hängenbleibt. Aber um ein wirklich guter Improvisierer zu sein, muss man diese Tricks hinter sich lassen, sich aufs Glatteis bewegen, und manchmal eben auf die Nase fallen« (Nachmanovitch, 2013, S. 34).

Von Miles Davis wird berichtet, dass er in Japan zwei unterschiedliche Konzerte gegeben hat, die kurz hintereinander stattfanden. Obwohl das Ausgangsmaterial identisch war, entstanden im musikalischen Miteinander zwei sehr unterschiedliche Konzerte. Eine Improvisation ist zunächst eine Melodievariation, die das Tonmaterial und den Rhythmus mit neuen Akzenten bzw. Unterschieden versieht. Ebenso kann sie den Zuhörer zu einer Reise einladen, die von Kreativität, Ideenreichtum, Interesse an Überraschungen, Experimenten (z. B. bewusst Töne aus einer nicht dem Song zugehörigen Tonart spielen), Stimmung und Ausdrucksstärke lebt. Eine Melodie, die vertraut geworden ist, weckt Erwartungen, was als Nächstes zu hören ist, vor allem wenn sie mit Wiederholungen zur Wiedererkennung arbeitet. Die Improvisation spielt mit Erwartungen. Sie kann sie erfüllen wie irritieren. Darin liegt die Freiheit und Kreativität des Musikers und seiner Mitmusiker.

Faszinierend ist, wenn in diesem Miteinander das Unerwartete musikalische Hochgenüsse hervorbringt. Man könnte auch sagen, das Ganze ist mehr als die Summe seiner einzelnen Teile. Während der Improvisationen tritt das Unerwartete in den Vordergrund. Es regt den Zuhörer wie Mitmusiker zum Hinhören an. Der Zuhörer kann darauf z. B. mit Neugierde, Interesse, Aufmerksamkeit für andere musikalische Beiträge, Desinteresse, Anstrengung oder Verwirrung reagieren. Die Mitmusiker begleiten die Improvisation und achten auf Variationen, um sie aufzugreifen, zu unterstützen oder um Kontraste zu erzeugen.

Was macht Gespräche aus?

Im Allgemeinen lassen sich Alltagsgespräche von professionellen Gesprächen unterscheiden. Vergegenwärtigt man sich, wie viele Typen von Mitarbeitergesprächen allein aufgelistet werden können (z. B. das Kritikgespräch, das Entwicklungsgespräch, das Jahresgespräch), dann scheint auf, wie facettenreich beide Gesprächstypen sein können. Hinzu kommt, dass der Kontext, die am Gespräch beteiligten Personen, ihre Rollen, das Ziel, die Machtverhältnisse, der Zeitgeist und seine Moden, das Sprachverstehen sowie Sinnprozesse einen entscheidenden Einfluss auf ein Gespräch haben.

Das Unerwartete lauert überall in der Kommunikation. Niklas Luhmann (1984) bezeichnet Kommunikation als eine Risikounternehmung. Seine Aussage wird nachvollziehbar, wenn man sich sein Konzept von *Kommunikation* anschaut. Er postuliert einen dreistelligen Auswahlprozess für eine Kommunikationssequenz.

Die erste Auswahl richtet sich auf die Information. Was von all den Möglichkeiten, die eine Person sagen könnte, wird gesagt? Sie könnte beispielsweise auswählen, dass sie müde ist, ihr Rücken schmerzt, das Zimmer kalt ist oder der Raum seltsam riecht. Sie entscheidet sich zu äußern, dass sie müde ist. In diesem Moment hat sie eine Wahl getroffen. Die Auswahl ist für Außenstehende nicht erkennbar. Sie findet im psychischen System statt. Bildhafter könnte man formulieren, dass die Information aus den »unendlichen Weiten« des Gehirns stammt.

Die nächste Wahl besteht darin, *wie* die Mitteilung ausgedrückt wird. Wird sie auf einem Zettel notiert, wird sie freundlich oder laut zu Gehör gebracht. Steht auf dem Zettel lediglich »Ich bin müde!« oder allein das Wort »müde«? Oder wird gesagt: »Mir ist nach einem Nickerchen zumute«? Eine Mitteilung kann auf vielfältige Weise kommuniziert werden. Beobachtet wird sie vom Gesprächspartner als verbale Handlung.

Die dritte Auswahl stellt eine formale Auswahl dar. Versteht der Gesprächspartner, dass sein Gegenüber eine Mitteilung macht? Wenn dies zutrifft, dann ist die Kommunikationssequenz abgeschlossen. Welchen Sinn das psychische System des Gesprächspartners in die wahrgenommene Mitteilung legt, setzt im Grunde einen vierten Auswahlprozess in Gang. Die Rollen wechseln: Aus dem Empfänger wird ein Sender. Wie versteht er die wahrgenommene Mitteilung und mit welcher Information wählt er aus, um darauf zu reagieren? Eine neue Kommunikationssequenz startet. Sie wird als Anschlusskommunikation bezeichnet. In diesem Wechselspiel läuft die Kommunikation und läuft und läuft ...

Sobald der Sender eine Mitteilung ausgesprochen hat, beginnt ihr Eigenleben. Denn es wird gesagt, was gesagt wird, und gehört, was gehört wird. Sprache »erlaubt eine unüberschaubare Vielzahl von Äußerungen, sodass wir immer wieder etwas Neues sagen oder etwas Bekanntes auf neue Weise sagen können« (Bertram u. Rüsenberg, 2021, S. 51). Welcher Sinn wird einer Mitteilung zugeschrieben? Sinn wird sowohl in den beteiligten psychischen Systemen als auch im sozialen System gestiftet. Der Sinn in den Systemtypen muss nicht übereinstimmen. Denn beide Kommunikationspartner sind füreinander undurchschaubar. Luhmann (1984, S. 217) nennt dieses Phänomen »doppelte Kontingenz«. Kontingenz meint, dass alles so, jedoch auch anders möglich ist. Seine Überlegungen liefern theoretisch eine Begründung, weshalb in Kommunikationen das Unerwartete erwartbar ist. »Wir improvisieren von Satz zu Satz, von Gedanken zu Gedanken« (Bertram u. Rüsenberg, 2021, S. 51). Dies gilt für beide hier benannten Gesprächskategorien.

Alltägliche Gespräche zeichnen sich durch einen offenen Ausgang und eine Themenvielfalt aus, die durch Assoziationen, Erfahrungen, Ratschläge und ichzentrierte Stellungnahmen zustande kommen. Sprechen und Zuhören wechseln sich ab. Phrasen werden kommuniziert, die nützlich sind, ein Gespräch zu beginnen oder in Gang zu halten. Das Gespräch dient dem Zweck, in Beziehung zu sein und Informationen auszutauschen. Die Rollen des Sprechers oder Zuhörers wechseln kontinuierlich. Die sozialen Rollen aus anderen Kontexten (Nachbarschaft, Arbeitsplatz, Schule, Vereinsleben etc.) scheinen im Hintergrund auf und beeinflussen direkt wie indirekt das Gespräch. Abhängig vom sozialen Bezugsrahmen begegnen sich beide Gesprächspartner auf Augenhöhe oder rekonstellieren ihre sozialen Rollen. Wenn man von Small Talk als einer Form des Alltagsgesprächs spricht, werden Meinungen über unverfängliche Themen und Tagesereignisse ausgetauscht, die dem Kennenlernen oder der Beziehungspflege dienen.

Professionelle Beratungsgespräche unterscheiden sich von Alltagsgesprächen. Ihr Gegenstand ist ein Sanierungsversprechen (Fuchs, 2010a, S. 121). Entsprechend beziehen sie sich vorrangig auf Ziele des Beratungssystems, des Klienten bzw. des Beraters, die einen roten Faden durch das Gespräch legen. Gemeinsam ist beiden Formaten, dass ein Wechsel von Zuhören und Sprechen vollzogen wird. Das Beratungsgespräch erfordert hingegen eine für das Format der Beratung passförmige Rollendefinition und -klarheit. Differenziert werden die Rollen Berater und Klient. Je nach Ansatz werden diese Rollen unterschiedlich gefasst. Während etwa dem tiefenpsychologisch ausgebildeten Berater Deutungsmacht für psychodynamische Prozesse zugestanden wird, wird vom systemischen Berater die Haltung erwartet, die Selbstorganisation des Klienten anzuregen.

Die Rolle des systemischen Beraters zeichnet aus, die Expertise für den Gesprächsverlauf innezuhaben, die Expertise für die eigenen Probleme, Anliegen und Ziele obliegt dem Klienten. Die Expertise des Beraters baut auf der Kompetenz auf, Prozesse zu steuern. Die Anliegenentwicklung stellt ein nützliches Konzept dar, Orientierung im Beratungsgeschehen herzustellen. Was macht dieses Konzept aus?

Die Anliegenentwicklung

Das Konzept der Anliegenentwicklung (vgl. Michalak, 2013) ist mit dem Konzept der Anliegen- und Auftragsklärung (vgl. Ludewig, 2015) stark verwandt, weil daraus abgeleitet. Es akzentuiert die Fokussierung auf Anliegen und stellt den Aspekt der Auftragsklärung in den Hintergrund. Für jeden Gesprächspartner im Beratungsgeschehen wird ein Anliegen unterstellt. Das impliziert, dass der Berater ebenfalls ein oder mehrere Anliegen verfolgt. Generell kann angenommen werden, dass ein Berater ein hilfreiches Gespräch führen will. Je nach Kontext und institutionellem Verständnis vertritt er zudem inhaltliche, in der Jugendhilfe auch im Hinblick auf die Kinder und Jugendlichen schutzbezogene bzw. kindeswohlrelevante Anliegen. Dies ist unter anderem in Kontrollkontexten gegeben. In solchen Situationen ist eine Transparenz der Kontrolle und Anliegen notwendig.

Die Leitfrage für eine konstruktive Anliegenentwicklung lautet: »Habe ich als Berater verstanden, wobei ich dem Klienten behilflich sein kann?« Sie bietet einen effizienten Weg, dem und den Anliegen des Klienten auf die Spur zu kommen. Im Hintergrund läuft diese Frage kontinuierlich mit und dient dem Monitoring des Gesprächsprozesses. Entsprechend kann man sie als ein Instrument zur Prozessbeobachtung und Prozessgestaltung verstehen.

Was für den Klienten anliegt, gilt es, mithilfe von Fragen herauszufinden bzw. zu entwickeln. Die Erfahrung zeigt zudem, dass sich ein benanntes Anliegen während der Beratung mehrfach verändern kann. Die Veränderung betrifft Konkretisierungen, Modifikationen und/oder Neufassungen des Anliegens. Das hängt damit zusammen, dass beim Aussprechen und Reflektieren der eigenen Anliegen assoziativ weitere Erfahrungen bewusst wie unbewusst aktiviert werden. In diesem Netzwerk der Erfahrungen tauchen Bedürfnisse und Erlebnisse auf, die in den Vordergrund gehoben neue Gesichtspunkte erscheinen lassen, die dann zu einem Wandel des Anliegens führen.

Der Begriff der Anliegen*entwicklung* weist auf zwei Aspekte hin. Das ist zum einen, dass ein Anliegen vom Klienten nicht sofort klar gefasst werden kann und es Zeit benötigt, um es zu fassen. Zum anderen wandeln sich Anliegen bei der Beschäftigung mit ihnen. Von »Entwicklung« statt von »Klärung« zu sprechen, betont den Prozesscharakter im Umgang mit Anliegen. Hierin liegt die Akzentverschiebung. Klärung suggeriert, dass ein Thema geklärt und dann bearbeitet wird. Der Begriff »Entwicklung« lässt zu, dass ein Thema (vorläufig) geklärt und gemeinsam behandelt wird; er berücksichtigt stärker den Veränderungsprozess, dem ein Anliegen unterliegen kann. Entsprechend wird das Anliegen in den Vordergrund gerückt, weniger der Auftrag. Ist dieses Anliegen gut gefasst, ist ein großer wie wichtiger Schritt in der Beratungsarbeit gegangen.

Statt von »Auftrag« wird hier von »Vereinbarung« gesprochen (Pries, 1999). Berater und Klient vereinbaren, ein Anliegen intensiv auszuloten. Dies geschieht zum einen durch eine bewusst getroffene Vereinbarung; zum anderen durch eine faktische Beschäftigung mit dem Anliegen, das für die beteiligten Gesprächspartner stimmig und passend erscheint. Ein Anliegen könnte z. B. sein, dass ein Klient sich von Personen aus seinem beruflichen Alltag stärker abgrenzen möchte, weil ihn die wiederholten Klagen dieser Personen stark belasten. Ein Berater kann in Abhängigkeit von seinem Kompetenzprofil oder dem institutionellen Kontext ein Anliegen ebenso ablehnen, modifizieren oder weitervermitteln. Diese Möglichkeit steht dem Klienten gleichfalls offen. Denn er gibt die Erlaubnis, welche Inhalte wie behandelt werden. Auf andere Art formuliert: Die Kompetenzen des Beraters, die Erlaubnis des Klienten, die Anliegen der Gesprächspartner werden in Abhängigkeit vom Kontext verhandelt. Hierin zeigt sich ein weiteres Mal der Prozesscharakter. Sich mit diesem Konzept vertraut zu machen, liefert ein einfaches wie effizientes imaginäres Geländer für die Gesprächsgestaltung. Dieses Geländer ist ähnlich beweglich wie die Treppen in Hogwarts aus den Harry-Potter-Verfilmungen.

Nachfolgend wird dargestellt, wie sich das Beraterkarussell (in Anlehnung an Steve de Shazer) als Methode zum Einüben einer Anliegenentwicklung eignet; sie verdeutlicht, wie die Fokussierung auf ein Anliegen gelingen kann. Gleichzeitig vermittelt sie die Erfahrung, ein Gespräch als Prozess zu begreifen, in dem Anliegen eine Spur für die Richtung der Beratung legen, die bei der nächsten unvorhersehbaren Abzweigung womöglich beibehalten oder gewechselt wird.

Ablauf. Im Kreis sitzen beispielsweise fünf Personen; eine davon – im Folgenden als Klient bezeichnet – signalisiert, dass sie über eine Frage oder ein Thema nachdenken will. Die anderen Personen fungieren nacheinander als Berater. Die Person rechts neben dem Klienten – im Folgenden erster Berater genannt – beginnt das Beratungsgespräch mit der Frage: »Wobei können wir dir behilflich sein?« Der Klient antwortet darauf und stellt seine Gedanken dazu dar. Der erste Berater unterbricht den Klienten zu einem passenden Zeitpunkt und bezieht sich auf das Gehörte, indem er es zusammenfasst, einfühlsam auf das Erleben des Klienten eingeht, Ressourcen hervorhebt, um weitere Informationen bittet oder eine weiterführende Frage stellt.

Der Klient reagiert auf die Anregungen des ersten Beraters und lotet dabei sein Thema aus. Währenddessen geht die Zuständigkeit für die Rolle als Berater auf den zweiten Berater über. Das ist die Person rechts neben dem ersten Berater. Er hört den Ausführungen des Klienten aufmerksam zu und interveniert in einem passenden Moment. Optimalerweise stellt er eine weiterführende Frage, die darauf zielt, das Anliegen zu fassen. Dieser Vorgang wird wiederholt, bis alle Berater zum Zuge gekommen sind. Jedem Berater werden zwei Interventionen bzw. Reaktionen zugestanden. Bei Bedarf wird das Karussell fortgesetzt und geht in eine zweite Runde.

Zwischenreflexionen. Eine zusätzliche Person übernimmt die Rolle des Moderators. Ihre Aufgabe besteht darin, bevor der nächste Berater an der Reihe ist bzw. bevor die nächste Intervention angeboten wird, das Beratungsgespräch zu unterbrechen und an einer Flipchart die Aussagen des Klienten kurz nachzuzeichnen. Vorbereitende Notizen für diesen Nachvollzug sind hilfreich. Die Inhalte und Themen werden dann gemeinsam daraufhin bedacht, inwiefern sie auf ein Anliegen verweisen. Dabei wird für gewöhnlich deutlich, dass der Klient verschiedene Themen angesprochen hat. Manche davon sind emotional untermalt und geben einen Hinweis auf die Bedeutsamkeit. Ebenso hilfreich ist es, nachzuzeichnen, worauf sich der Berater bislang bezogen und was er außen vor gelassen hat. Hierbei geht es nicht um ein Richtig oder Falsch. Vielmehr soll nachvollziehbar werden, welche Wahl der Berater beim Intervenieren getroffen hat. Dabei wird auch deutlich, dass der Berater unbeabsichtigt eine Wahl für den Klienten getroffen hat, welches Thema weiter vertieft werden soll. Zu beobachten ist dann, dass die Anliegenentwicklung eng gestellt wird, wo sie weit sein könnte, und umgekehrt.

Prozesskompetenz

»Ein gutes Gespräch ist dann ein gutes Gespräch, wenn zu Beginn für die Gesprächspartner nicht feststeht, was am Ende des Gesprächs das Ergebnis sein wird.« Diese Aussage aus den Reihen des lösungsfokussierten Ansatzes unterstreicht ebenfalls den Prozesscharakter einer Beratung, der mit dem Kommunikationsverständnis nach Luhmann (1984) und dem Konzept der Anliegenentwicklung bereits aufgezeigt wurde. Mick Goodrick, ein Jazzgitarrist und -lehrer, vermittelt folgende Einstellung zum Improvisieren: »Niemand weiß, was als nächstes geschehen wird« (1998, S. 115; vgl. auch Bertram u. Rüsenberg, 2021, S. 45). Das Nicht-Wissen gilt sowohl für den Musiker als auch für den Zuhörer.

Prozesskompetenz meint, dass ein Berater in der Lage ist, den Verlauf sowohl einer einzelnen Beratungssitzung als auch einer Beratung über mehrere Sitzungen mit Blick auf die Anliegen des Klienten mitzugestalten. In den nachfolgenden Ausführungen wird die Fähigkeit in den Blick genommen, auf den Verlauf einer Beratung konstruktiv Einfluss zu nehmen.

Eine Prozesskompetenz zeichnet sich durch eine Reihe an *Merkmalen* aus. Zunächst ist die *Haltung* des Beraters von Belang; sie bildet das Fundament für die Arbeitsweise. Mit welcher Einstellung begegnet er dem Klienten? Vermag er das Gespräch auf Augenhöhe zu gestalten? Reflektiert er das Gespräch als ein Zusammentreffen von Experten? Übernimmt er die Verantwortung für den Gesprächsprozess? Wie agiert er aus der Position des Nicht-Wissens? Erzeugt er Unterschiede? Wie einfühlend verhält er sich? Zentral hierbei ist, wie der Berater die Eigenverantwortung des Klienten stärkt und wie er sich bescheidet, wenn er verstärkt die Beobachtung macht, mehr Verantwortung für den Klienten übernehmen zu sollen (vgl. Lüschen-Heimer u. Michalak, 2019, S. 71).

Das nächste Merkmal ist, welche Methoden der Berater kennt und einzusetzen vermag. Im systemischen Ansatz sind viele Fragetechniken bekannt. Dazu zählen das Umdeuten, zukunftsorientierte Fragen, die Arbeit mit Ausnahmen, Skalenfragen und zirkuläre Fragen. Weiterhin stellen das Externalisieren, die Arbeit mit dem Familienbrett, das Reflektierende Team, Aufstellungen, die Skulpturarbeit oder die Arbeit mit Ziellinien Instrumente dar. Der systemische Koffer ist prall gefüllt mit wirksamen Werkzeugen, Anliegen zu entwickeln und zu bearbeiten. Da nicht jedes Werkzeug für jeden Klienten geeignet ist, erscheint es lohnend, sich mit verschiedenen Vorgehensweisen intensiv zu beschäftigen, sie einzuüben und häufig in Beratungen – wo geeignet – einzusetzen, sodass sich ein sicherer wie souveräner Umgang mit den Methoden herausbildet.

Ein Beispiel. Ein Klient formuliert das Anliegen, dass er mit mehr Konzentration am Schreibtisch arbeiten will. Wenn er über seine Arbeitsweise nachdenke, dann werde ihm deutlich, dass er sich von vielen Dingen ablenken lasse. Als Ablenkungen beschreibt er die E-Mails, die er beantwortet, die Telefonanrufe, die er entgegennimmt, oder die Nachrichten, die er liest, wenn sie auf seinem Handy eingehen. Im Hinblick auf sein Ziel, einen verabredeten Text zu schreiben, erlebe er sich oft als unkonzentriert. Dieses Ziel sei ihm jedoch wichtig. Die Arbeit mit Ausnahmen oder Kehrseiten als Instrument für die Gesprächsgestaltung lädt zu einer Umfokussierung ein. Sie thematisiert und analysiert Episoden, in denen etwas funktioniert hat. Aufseiten des Beraters braucht es die Bereitschaft, Ausnahmen durch ein waches Zuhören zu entdecken und dann aufzugreifen. Die Frage »Was ist anders in den Zeiten, wenn Sie konzentrierter am Schreibtisch arbeiten können?« leitet ein Gespräch über potenzielle Ressourcen ein. Der Klient spricht von »oft unkonzentriert«. Mit dem Wort »oft« wird ein Unterschied angedeutet, den es sich lohnen kann zu explorieren, um Ansatzpunkte für die Entwicklung von Lösungsoptionen zu finden.

Methoden sind Hilfsmittel, Prozessen zeitweise eine Struktur zu verleihen. Sie dienen dazu, einen Prozess zu initiieren oder zu intensivieren. Der Vorsatz, heute nutze ich das Externalisieren (vgl. White u. Epston, 1994) in der Beratung mit dem Klienten, mag auf den ersten Blick hilfreich nach einer vorangegangenen Beratungssitzung erscheinen, weil das Thema »Angst« relevant war. Haben sich für den Klienten in der Zwischenzeit andere herausfordernde Themen und Anliegen im beruflichen Feld ergeben, dann könnte der Vorsatz, eine ausgewählte Methode zum Einsatz zu bringen, mehr dem Berater als dem Klienten zweckdienlich sein. Eine Methode ist dann sinnvoll durchgeführt, wenn sie dem Prozess des Klienten entspricht und dabei hilft, seine Anliegen zu formulieren bzw. zu bearbeiten. Formal ausgedrückt heißt dies: Struktur folgt Prozess. Im umgekehrten Fall würde die Struktur der Methode den Prozess des Klienten dominieren.

Eine systemische Prozessgestaltung entsteht aus dem Zusammenspiel zwischen einer Anliegenentwicklung, der Haltung der gegenseitigen Expertise und dem Einsatz von Methoden aus dem Fundus des Ansatzes. Die Anliegenentwicklung sorgt dafür, gemeinsam einen Pfad im Dschungel der Texte und Erzählungen des Klienten zu schlagen. Sie wird flankiert von der Haltung des Beraters und seinem Methodenrepertoire. Die Haltung sorgt dafür, dass der Klient seine Eigenverantwortung erlebt und der Berater nicht invasiv vorangeht. Die Methoden unterstützen beide auf der Suche nach Orientierung, bei der Entwicklung eines Gesprächspfades und bei der Annäherung an die gewünschten Ziele.

Gestaltet werden kann der kommunikative Prozess; in ihm entstehen Anliegen, Anregungen und gefühlte wie kognitive Erkenntnisse. Dabei ist zu beachten, dass der Sinn im kommunikativen Miteinander der Gesprächspartner sich vom Prozess des lebenden Systems unterscheidet. Das, was psychisch im Klienten geschieht, was in seinem Gehirn gedacht und gefühlt wird, bleibt für den Berater unbekannt. Dasselbe gilt für den Klienten im Hinblick auf den Berater. Ein äußerer Dialog wird von einem inneren Dialog begleitet. Beide beeinflussen sich gegenseitig. Das innere wie äußere Hin- und Zuhören begründet die Vitalität einer Beratung. Theoretischer formuliert: Die Kommunikationen im sozialen System stellen Anregungen für Gedankenprozesse in den beteiligten psychischen Systemen dar.

Zur Abrundung dieses Abschnitts über Prozesskompetenz soll noch einmal der Jazzlehrer Mick Goodrick (1998, S. 115) zu Wort kommen. Er regt den Musiker an, während der Improvisation innezuhalten und sich nachfolgende Fragen zu stellen:

- »Welchen Ton spiele ich als nächsten?
- Wird es ein langer oder ein kurzer Ton sein?
- Laut oder leise?
- Wann werde ich ihn spielen?
- Werden noch andere Töne folgen?
- Welche Qualität wird der Ton haben?
- Was will ich mit diesem Ton ausdrücken?
- Wird das, was ich als Nächstes spiele, ähnlich sein wie das, was ich bereits gespielt habe, oder ganz anders?
- Gehe ich mit diesem Ton irgendwohin, komme ich von irgendwoher, oder steht der Ton völlig isoliert?«

Überträgt man seine Überlegungen auf ein Beratungsgespräch, dann könnte der Berater eine Reflexionspause während des Gesprächs einlegen und sich mit einer oder mehreren der folgenden Fragen beschäftigen:

- Welchen Aspekt des Themas bzw. des Anliegens greife ich jetzt auf?
- Wie formuliere ich diesen Aspekt – als Frage, als Beobachtung, als Hypothese?
- Welchen Aspekt meiner Mitteilung will ich wie hervorheben?
- Was genau will ich ausdrücken?
- Mit welcher Gestik und Mimik unterstreiche ich meine Aussage?
- Werde ich meine Aussage isoliert formulieren oder will ich sie erläutern?
- Wie klar oder diplomatisch fasse ich meine Beobachtung in Worte?
- Werde ich mich wiederholen, fokussiere ich einen bekannten oder neuen Aspekt?
- Auf welche bereits erörterten Aspekte des Anliegens beziehe ich mich oder führe ich einen neuen Aspekt ein?

Eine dieser Fragen könnte der Berater sich auch laut denkend selbst stellen und beantworten. Diesen Vorgang kann man als konstruktives Hypothetisieren verstehen. Anders beschrieben: Konzipiert als Reflektierendes Team (Andersen, 1994) mit sich selbst erörtert der Berater seine Gedanken zu einer der Fragen laut. Er tritt mit sich hörbar in einen Dialog, um Multiperspektivität herzustellen. Gleichzeitig kann er auf diese Weise Aspekte des Gesprächs aufgreifen, die er bisher unberücksichtigt gelassen hat.

Der Umgang mit dem Unerwarteten

»Das Unerwartete begegnet uns bei
jeder Bewegung und jedem Atemzug.«
(Nachmanovitch, 2013, S. 33).

Eine Beratung stellt eine Von-Moment-zu-Moment-Tätigkeit dar (Nachmanovitch, 2013, S. 15), die sich im Hier und Jetzt ereignet, allerdings retrospektiv rekonstruiert werden kann, beispielsweise mithilfe von Tonaufnahmen. Deswegen wird der Begriff des Unerwarteten hier in den Mittelpunkt gestellt; er hebt hervor, dass in der Beratung wechselseitig Erwartungen mitlaufen, die nicht vorhersehbar sind. Das gilt sowohl für den Berater als auch für den Klienten. Für den Berater kann die Hypothese als eine fachlich aufbereitete Erwartung konzipiert werden. Sie wird zu den zentralen Werkzeugen des Beraters gezählt. Die Hypothese stellt somit scheinbar einen Weg dar, Erwartungsunsicherheit zu minimieren. Löst man sich bewusst von dieser Strategie und nimmt man die Erwartungsunsicherheit in Kauf, entstehen jenseits von Erwartungen Freiheitsgrade im kommunikativen Miteinander. Diese Freiheitsgrade erfordern eine Präsenz im Hier und Jetzt. Indes eröffnen sie kreativ, neue Anschlüsse auf die Mitteilungen des Klienten zu finden. Ben Furman und Tapani Ahola (2001) haben dies mit dem Buchtitel »Die Zukunft ist das Land, das niemandem gehört« pointiert formuliert.

Verwandt ist die Rede von dem Unerwarteten mit den Reden über Ungewissheit und Unsicherheit. Luhmann (1984) spricht in diesem Zusammenhang von Kontingenz (siehe Abschnitt »Was macht Gespräche aus?«). Ist eine Sache gewiss, dann weiß man, was auf einen zukommt. Unvorhersehbarkeit wird somit zugemutet, weil nicht gewiss ist, was passieren wird. Mit Ungewissheit ist Unsicherheit verbunden. Die Person erlebt sich unsicher, weil auf der Ebene des Erlebens und auf der Ebene des Bedürfnisses keine Sicherheit vorhanden ist. Dennoch: »Freiheit ist ein äußerst kostbares und erstrebenswertes Gut. [...] Das Ziel zu erreichen, bedeutet aber gleichzeitig, sich der Ungewissheit zu stellen« (Heidl, 2012, S. 5).

Eine Frage erwartet eine Antwort, außer es handelt sich um eine rhetorische Frage. Bei einer zufälligen Begegnung erkundigen wir uns: »Wie geht es dir?« und nehmen an, dass der Gefragte mit »Gut!« oder anderen unverfänglichen Floskeln antwortet. Zu diesem Begrüßungsmuster gehört ebenso die Gegenfrage: »Und wie geht es dir?« Eventuell lautet die Antwort dann: »Danke, dass du nachfragst. Mir geht es gerade schlecht. Ich bin gesundheitlich angeschlagen.« Der höfliche Austausch von freundlich gemeinten Floskeln verändert sich bei dieser Reaktion womöglich schlagartig zu einem Gespräch über gesundheitliche Sorgen, wenn nicht rasch bemerkt wird: »Das tut mir leid für dich. Leider habe ich gerade keine Zeit, mich länger mit dir auszutauschen.«

Untersucht man die Frage »Wie geht es dir?« näher, entpuppt sie sich als eine unentscheidbare Frage im Sinne von Heinz von Foerster (1999). Die Antworten für entscheidbare Fragen wie z. B.

»Wie viel ist 3 × 6?« sind allgemeingültig definiert und werden in Bildungseinrichtungen vermittelt. Für unentscheidbare Fragen wie »Was macht einen Mann und was macht eine Frau aus?« besteht ein breites Antwortspektrum, das jenseits der Bewertung »richtig oder falsch« liegt. Die Offenheit verlangt nach einer persönlichen Antwort. Das ist auch der Hintergrund dafür, weshalb Heinz von Foerster vorschlägt, Menschen, mit denen ich neu in Kontakt stehe, unentscheidbare Fragen zu stellen, um sie kennenzulernen. Zurück zu der Frage »Wie geht es dir?«. Soll die Frage keinen Phrasenaustausch initiieren, dann steht es dem Antwortenden frei, aus einer Menge von emotionalen Themen, die ihn gerade beschäftigen, einen Aspekt herauszugreifen oder sogar die Vielfalt der emotionalen Bezüge aufzuzeigen.

In der skizzierten Kommunikation wird die Erwartung, freundlich Floskeln auszutauschen, irritiert, wenn die Frage ernst genommen und als Einladung zum Gespräch verstanden wird. Wie auf eine Bemerkung angeschlossen wird, ist für den Fragenden nicht vorhersehbar, nicht zuletzt, weil der Gefragte autonom einen Sinn in die Mitteilung des Fragenden legt. Dies gilt für jedwede Mitteilung, die in Kommunikation gebracht wird. Da dem Sender und Empfänger jeweils wechselseitig zahlreiche Möglichkeiten offenstehen, auf eine Mitteilung zu reagieren, ist das Unerwartete ein wesentlicher Bestandteil von Kommunikationen. Ein Beispiel: Als Berater kann ich vielfältig auf den Satz »Was soll ich jetzt machen?« reagieren. Denkbar ist die Äußerung: »Bitte stehen Sie jetzt mit mir auf. Wir sprechen im Stehen und Gehen weiter.« Auf den ersten Blick mag diese Äußerung ungewöhnlich erscheinen. Sie wird nachvollziehbarer, wenn der Berater mit seiner Äußerung die Absicht verfolgt, aktivierende Impulse zu setzen und zugleich einen Perspektivwechsel anzuregen.

Auf ähnlichen Prämissen baut das von Kurt Ludewig formulierte Paradox auf: »Handele wirksam, ohne im Voraus zu wissen, wie und was dein Handeln auslösen wird« (Ludewig, 2015, S. 142). Das Unerwartete ist erwartbar. Von Interesse ist hier, wie ich als Berater mit dem Unerwarteten umgehe. An dieser Stelle kommt das Improvisieren ins Spiel. Hierin liegt der Grund, die Prozesskompetenz des Beraters, zu der das Improvisieren gehört, als eine zentrale Fähigkeit für das Beratungshandeln darzustellen. Das Improvisieren begründet und signalisiert die Bereitschaft des Beraters, nützliche kommunikative Anschlüsse im Angesicht von Unerwartetem zu managen und im Hier und Jetzt zu verbleiben. Es geht hier nicht um das Beseitigen einer Erwartungsunsicherheit, sondern um das Einkalkulieren eines konstruktiven wie kreativen Umgangs mit Unerwartetem. In der Anerkenntnis dieser Ausgangslage liegt die Chance, souverän und handlungssicher den Gesprächsprozess als Berater mitzugestalten und dabei neue Möglichkeiten zu entdecken (vgl. Böhle, 2012, S. 7). Denn eine Beratung ist wie ein unbeschriebenes Blatt, dessen Zeilen sich beim Schreiben füllen und letztlich eine Geschichte ergeben.

Das kommunikative Improvisieren durchdringt unsere menschliche Lebensform und ermöglicht uns, in uns selbst und unserer Welt Orientierung zu finden (vgl. Bertram u. Rüsenberg, 2021, S. 55 f.). Improvisationen selbst verströmen den Geist des Unerwarteten. Darin liegen ihre Kraft und ihr Zauber. Mitteilungen, die aus Improvisationen entstehen, vermögen den Verstand, das Herz und den Bauch zu berühren. Was zeichnet nützliche Gesprächsimprovisationen aus? Im Folgenden werden verschiedene musikalische Wege beim Improvisieren kurz in den Blick genommen und es wird jeweils eine Brücke zur Beratungskommunikation hergestellt. Bei den musikalischen Ideen handelt es sich um eine kleine, subjektive Auswahl.

Eine Formation, in der sich die Musiker gut verstehen, bereitet dem Solisten einen Raum, sich zu entfalten. Für sein Spiel schaffen sie einen Kontext, in dem die Improvisation gebührend zur Geltung kommt, bzw. sie kreieren die musikalischen Hintergründe für den Musiker, der im Vordergrund steht. Sie begleiten sein Spiel mit einer resonanten Präsenz und zollen ihm dadurch Respekt. In einem Zusammenspiel, das von Hin- und Zuhören durchwoben ist, kann und sollte der Solist gleichzeitig Impulse seiner Mitmusiker aufgreifen (vgl. auch Bertram u. Rüsenberg, 2021, S. 26). Denn auch die Rhythmusgruppe improvisiert während des Solos, dies vollzieht sich eher dezent. Sie regen einander musikalisch an, was die Musik einzigartig macht. Sie ereignet sich in der Improvisation. Sikora (2003, S. 64) bezeichnet diese rekursiven Prozesse als *interplay.* Eine verwandte Haltung findet sich im systemischen Ansatz. Der Berater wird als Wegbegleiter für den Prozess des Klienten verstanden, indem er ihn anregt, inspiriert, einlädt, für seine Selbsterkundung einen Rahmen schafft.

Für die nachfolgenden Überlegungen kann es gewinnbringend sein, sich den Klienten als Solisten vorzustellen und den Berater als Begleitmusiker, der (musikalisch) auf den Solisten eingeht, ihn anregt. Jazzmusik zeichnet aus, dass die Mitmusiker zeitnah auf eine musikalische Idee des Solisten reagieren, weil dieser z. B. die Lautstärke variiert, indem er lauter und intensiver spielt. Ohne eine Resonanz bei der Rhythmusgruppe bleibt der Charakter der Improvisation ohne große Wirkung. Folge ich dieser Idee aus dem Jazz, dann empfiehlt sich eine *prompte Reaktion* auf wahrnehmbare Unterschiede. Beispielsweise verändert sich der Glanz in den Augen des Klienten, während er über eine Situation am Arbeitsplatz redet. Wie will ich als Berater auf diese Situation reagieren? Ich kann das Verständnis vertreten, dass das Hervorheben emotionaler Regungen die Selbstorganisation des Klienten stört. Dann beobachte ich lediglich den Unterschied im Glanz der Augen, benenne ihn aber nicht. Habe ich das Verständnis, dass zeitgleich mit den Veränderungen im Augenglanz eine Erinnerung wach geworden ist (vgl. Bachg, 2004), die einen Einfluss auf die Anliegenentwicklung nimmt, kann ich mich als Berater entscheiden, meine Beobachtung in Worte zu fassen, weil ich davon ausgehe, dass mit der Erinnerung weitere Informationen aktiviert sind.

Wie formuliere ich meine Beobachtung? Ich kann den Klienten unterbrechen und ihn direkt auf die wahrgenommene Veränderung hinweisen: »Während Sie gerade über die Situation an Ihrem Arbeitsplatz sprechen, verändert sich Ihr Augenglanz. Welche Bedeutung geben Sie dem?« Ich kann mich auch für eine indirekte Äußerung entscheiden: »Ich sehe, dass Sie diese Situation intensiv beschäftigt.« Oder ich stelle fest: »Diese Situation an Ihrem Arbeitsplatz fasst Sie mit größerer Intensität an als gedacht.« Oder noch anders formuliert: »Während Sie über die Situation am Arbeitsplatz reden, wird deutlich, dass noch mehr eine Rolle spielt.«

Die prompte Reaktion auf Veränderungen beim Klienten verlagert das Augenmerk. Die Erzählung des Klienten wird unterbrochen. Das Thema wird für einen Moment zurückgestellt, die aktivierte Assoziation und die damit verbundene Veränderung rücken in den Vordergrund. Die Fokusveränderung bringt mit sich, beide Stränge im Blick zu behalten und – wenn sinnvoll – aufeinander zu beziehen. Soll das Thema oder die innere Regung im Sinne einer Anliegenentwicklung weiterverfolgt werden? Oder lassen sich beide Informationen (Thema und emotionale Regung) zusammenführen?

Das *Tempo* spielt in der Musik eine zentrale Rolle. Dieselbe Melodielinie kann schnell oder langsam gespielt eine andere Wirkung erzielen. Die Melancholie einer langsamen Melodie kann schnell vorgetragen mehr Beschwingtheit hervorrufen. Der Wechsel im Tempo während eines Songs unterstreicht nicht nur verschiedene Abschnitte, sondern weckt unterschiedliche Stimmungen und trägt zur An- und Entspannung bei. Sigi Busch zeigt mit Bezug auf eine Trioaufnahme von »Blue In Green« des Pianisten Bill Evans, wie kunstvoll das Tempo den Charakter einer Komposition formen kann (Busch, 1996, S. 52 f.).

Wir stellen uns vor, ein Klient äußert: »Und dann fühle ich mich deprimiert. Das habe ich aber gut im Griff. Letztlich geht es mehr darum, dass ich meine Arbeit effizienter erledige.« Als Berater kann ich darauf reagieren, indem ich den Klienten bitte, seine Aussagen langsam zu wiederholen und nach jedem Satz eine Pause zu machen. »Wie erleben Sie es, die Sätze langsam zu sprechen?« Wenn ein Klient das vierte Mal über eine schwierige Begegnung mit einem Freund erzählt und dabei die Erzählung nur geringfügig variiert, könnte ich ihm als Berater vorschlagen: »Mal angenommen, Sie spulten Ihre Geschichte im schnellen Vorlauf ans Ende – was wäre dann anders?«

Ein und dasselbe Tonmaterial kann durch die *rhythmische Gestaltung* zu unterschiedlichen musikalischen Reisen führen. Handelt es sich beispielsweise um einen Zweiviertel-, Dreiviertel-, Vierviertel- oder Fünfvierteltakt? Soll der Song als Swing, Latin oder Blues konzipiert werden? Mit diesen beiden Fragen werden ansatzweise die rhythmische Vielfalt und Stilistik in der Musik gestreift. Selbstverbalisierungen, die den Klienten belasten, können durch eine rhythmische Umgestaltung, Neukontextualisierung ihre Bedrohlichkeit verlieren, beispielsweise weil sie mit der Melodie und dem Rhythmus von »Alle meine Entchen« oder von »Hänschen klein« oder als Hip-Hop gesungen werden.

Zur rhythmischen Gestaltung gehören außerdem *Pausen.* Eine ein- oder zweitaktige Pause erlaubt, dass eine Melodie nachklingt oder eine neue Melodie vorbereitet wird. Durch Pausen, die unterschiedlich kurz oder lang sein können, entsteht Rhythmus, erhält die Melodie eine Kontur, werden feine Unterschiede bei einer Wiederholung geschaffen. In Gesprächen kann eine Pause einen Unterschied zwischen einer kurzen Zusammenfassung und einer anschließenden Frage erzeugen. Eine Pause macht eine vorangegangene Aussage bedeutsam. In ihr kann eine Mitteilung nachhallen. Auch ermöglichen Pausen es dem Klienten, über sich nachzudenken, um für die Frage des Beraters, die er nicht sofort beantworten kann, eine Reaktion zu finden. Pausen erlauben beiden Gesprächspartnern, über das bisher Gesagte nachzudenken. Die Stille der Pause regt zum Innehalten an, in ihr können Erkenntnisse aufkeimen (vgl. Willemsen, 2018). Pausen erzeugen zudem einen Resonanzraum. Gerade bei Themen, die mit langen Pausen verbunden sind, lohnt es sich, dem Klienten empathisch zu begegnen und sich als Berater wiederholt zu fragen: Wenn ich mich in den Klienten hineinversetze, was braucht er jetzt gerade, wenn er sich so verhält, wie er sich verhält? Was ist sein Bedürfnis?

Die *Lautstärke* lädt außerdem zu Variationen ein. Wird ein Satz leise, geflüstert ausgesprochen, deutlich gesagt oder laut gerufen? Was geschieht im Erleben des Klienten, wenn ein Satz wie »Ich bin ängstlich« geflüstert oder laut ausgesprochen wird? Aussagen, denen der Berater Bedeutung verleihen möchte, könnte er flüsternd sprechen, um sich an den Klienten emotional anzukoppeln, weil dieser seine Sätze leise äußert. Den nächsten Satz hingegen könnte der Berater lauter aussprechen, um einen Unterschied zu erzeugen, einen Weckruf aus einer Problemtrance anzubieten.

Manche Töne, die eine Sekunde (als Intervall) auseinanderliegen, rufen *Dissonanzen* hervor. Fügt man weitere Töne hinzu, hört das Ohr andere Zusammenhänge und der Akkord klingt zerreißend schön. Das ist z. B. beim Cmaj7-Akkord der Fall, wenn er auf der Gitarre in den ersten vier Bünden gegriffen wird. Spielt man die Töne nacheinander, erklingt zunächst das e (die Terz), dann das h (die maj7), das c (der Grundton) und schließlich das g (die Quinte). Die maj7 und der Grundton reiben sich stark. Der Zusammenklang mit der Terz und der Quinte lässt den Akkord interessant wie schön erscheinen. Wie können Aussagen des Klienten rekontextualisiert werden? Das kann gelingen, wenn andere Perspektiven von weiteren involvierten Personen abgefragt und die jeweiligen Beobachtungen nebeneinandergestellt werden. Es geht hier um Multiperspektivität, die helfen kann, Beobachtungen des Klienten zu relativieren. Gefragt werden könnte der Klient ebenso, welche weiteren inneren Stimmen er in der Situation vernimmt. Welche Stimmen agieren antagonistisch? Wann ist er mit dieser Ambivalenz schon einmal konstruktiv umgegangen?

Mehrstimmige Melodien machen den Zuhörer hellhörig, zugleich untermalen sie die Qualität und Schönheit einer Melodie. Sie wird betont. Mit Bezug auf das Akronym BASIC können verschiedene Erlebensmodalitäten bewusst beachtet werden und damit Veränderungen im Erleben in Gang bringen. B steht für Behavior (Verhalten), A für Affect (Gefühl), S für Sensation (Körperempfindung), I für Imagery (Vorstellung) und C für Cognition (Gedanke). Auf die Frage, was denn anders für ihn sei, wenn sich die Situation verbessert habe, antwortet der Klient, dass er sich zufriedener fühle. Die Antwort kann auf der Ebene des Gefühls eingeordnet werden. Im Folgenden kann nacheinander gefragt werden – das Konzept der Multimodalität dabei nutzend: »Was denken Sie .../Wie verhalten Sie sich .../Welche Körperempfindungen haben Sie .../Welche Bilder stellen sich ein, wenn Sie sich zufriedener fühlen?«

Licks sind musikalische Phrasen, Melodielinien, die ein Musiker beim Üben für sich entwickelt und in sein Repertoire einfügt. Sie erstrecken sich über ein oder zwei Takte und können in Improvisationen eingebaut werden, weil sie gut klingen, Vorlieben repräsentieren oder eine Phase überbrücken helfen, in der gerade keine neue Idee aufkommt. In Sprache gebrachte Licks können als Wörter, Sprachbilder oder Sprichwörter verstanden werden, die dem Klienten im Hinblick auf seine Äußerungen angeboten werden. »Das klingt, als sei die Karre in den Dreck gefahren.« Greift der Klient das Bild auf, kann ich als Berater damit weiterarbeiten. Folgende Fragen stellen dann Ansatzpunkte dar, mit dem Sprachbild zu spielen, wenn der Klient davon angesprochen wird: »Wie ist die Karre in den Dreck geraten?«, »Wie tief steckt sie im Dreck?«, »Was braucht es, um die Karre erfolgreich aus dem Dreck zu ziehen?« Hier noch eine kleine Auswahl an weiteren Sprachbildern: Ärger könnte man beispielsweise mit »Dampf ablassen«, Wut mit »rotsehen«, Niedergeschlagenheit mit »Trübsal blasen«, Mut mit »große Sprünge wagen«, Angst mit »sich in die Hose machen«, Naivität mit »Blauäugigkeit« und Freude mit »Jubelschreie ausstoßen« umschreiben.

Chromatische Bewegungen in der Musik leiten kleinschrittig zu einem Zielton. Dieser kann beispielsweise mit einem um einen Halbton niedrigeren Ton und anschließend mit einem um einen Halbton höheren Ton umspielt werden. Die Chromatik erlaubt zugleich, tonartfremde Töne einzubringen. Mit Blick auf die Chromatik bereichern zwei Aspekte den »Beratungsjazz«. Das sind die Kleinschrittigkeit und kontextfremde Aspekte. Eine Kleinschrittigkeit lässt sich über Skalenfragen herstellen. Hat sich ein Klient beispielsweise auf einer zehnstufigen Skala, bei der 10 das Optimum für sein Ziel darstellt, auf einer 3 eingeschätzt (momentaner Istzustand), dann kann die nächste Frage lauten, was anders ist, wenn er bei einer 3,5 oder 4 steht. Die Einschätzung des momentanen Istzustands könnte zudem »chromatisch« umspielt werden, indem der Berater fragt: »Was haben Sie bei 2 alles richtig gemacht, sodass Sie bei 3 stehen können?« Tonartfremde Töne lassen sich mit der Einschätzung von anderen Personen aus dem Umfeld des Klienten assoziieren. Die Fragen könnten dann heißen: »Wie würde Ihre Schwester Sie auf der Skala einschätzen?«, »Was sieht sie anders als Sie?«, »Wie kann Ihnen der Blick Ihrer Schwester nutzen?«

Ein Instrument, das sorgfältig gestimmt ist, erzeugt einen Wohlklang, vor allem im Zusammenspiel mit anderen Instrumenten. In der Beratung spielen die *Stimmungen* der Gesprächspartner ebenfalls eine wichtige Rolle. Im Hinblick auf den Klienten deuten sie an, welche emotionalen Bewegungen bei ihm gerade vorherrschen. Stimmungen beeinflussen die Informationsverarbeitung (vgl. Bless, 1997). Gerade Stimmungswechsel geben Auskunft darüber, dass eine innere Umfokussierung stattgefunden hat. Stimmungswechsel können über Humor oder über eine körperliche Aktivierung des Klienten angeregt werden. Beispielsweise werden die Ecken des Raums mit zentralen Aspekten des Anliegens belegt. In jeder Ecke findet ein kurzes Interview zu diesen Gesichtspunkten statt. Leitend kann dabei sein, darüber zu sprechen, wie es ist, wenn es dem Klienten im

Hinblick auf diesen Aspekt besser geht. Aktivierend ist, wenn dabei z. B. die körperliche Haltung, das Raumempfinden, die Weite des Blicks und die Qualität der Atmung aktiv bedacht werden.

Improvisationen stellen das zentrale Merkmal des Beratungsjazz dar. Nachmanovitch (2013) weist darauf hin, dass eine Improvisation das Gefühl der Reise erzeugt. Übertragen auf eine Beratung könnte man den Berater als einen improvisierenden Reisebegleiter bezeichnen. Während dieser Reise sind beide Gesprächspartner mit Unerwartetem konfrontiert. »Der Kern von Improvisationen ist das Freie Spiel des Bewusstseins, wenn es mit den Rohstoffen, die aus dem Unbewussten emporsteigen, zeichnet, schreibt, malt und spielt« (Nachmanovitch, 2013, S. 19). Zu ergänzen ist bei diesem Zitat »... und berät«.

Die Aufmerksamkeit für das, was sich während einer Improvisation ereignet, erlaubt, den Zufall der Erkenntnis zu ergreifen. Auf diese Weise ermöglichen Improvisationen eine Transformation.

Das Beraterkarussell (siehe S. 39 f.) stellt eine Übung zum Erlernen des Improvisierens dar. Denn es erfordert ein aufmerksames Zuhören und ein Achten auf feine Unterschiede, während der Klient über sich erzählt. Die beobachteten feinen Unterschiede liefern womöglich einen Ansatz, das Anliegen zu erfassen. Sie prompt und angemessen in Sprache zu heben, gelingt mit improvisatorischen Fertigkeiten.

Der Spannungsbogen

Das Bild vom Spannungsbogen trägt bewusst dazu bei, ein Denken in Differenzen anzustoßen. Die Differenz zwischen zwei Polen erzeugt optimalerweise einen Spannungsbogen. Ähnlich wie bei einem Messgerät (z. B. einem Voltmeter) geht es darum, Bewegungen zwischen festgelegten Polen erkenn- und ablesbar zu machen.

Der Jazz als musikalische Stilrichtung und Kunstform sucht und schafft Freiheitsgrade. Deshalb ist *Beratungsjazz* als Kapitelüberschrift bewusst gewählt. Sie verweist darauf, dass Beratung ebenfalls als Kunst betrachtet werden kann. Das schließt nicht aus, dass sie auch manchmal als Handwerk oder als Plackerei empfunden und praktiziert wird (vgl. Nachmanovitch, 2013, S. 20). Theoretisch könnte man auch von Beratungspop oder -klassik sprechen. Jedoch würden dann andere Gesichtspunkte zum Anklang kommen. Die Freiheitsgrade im Jazz spiegeln sich in dem großen Raum für Improvisationen wider. Der Jazz markiert somit eine Seite eines Spannungsbogens, die Klassik der heutigen Zeit die andere Seite (vgl. auch Nachmanovitch, 2013). Übertragen auf Beratungsgespräche wird der eine Pol durch ein prozessorientiertes und der andere Pol durch ein manualisiertes Vorgehen gebildet.

Manuale enthalten einen inneren Leitfaden, der ein Thema differenziert entfaltet (vgl. Hinsch u. Pfingsten, 2015). Ein solches Vorgehen geht nicht zielgerichtet auf individuelle Belange und Bedürfnisse des Klienten ein. Eine Anliegenentwicklung hingegen thematisiert diese Belange und Bedürfnisse. Die mitlaufende Reflexivität des Beraters, die Entwicklung des Anliegens wiederholt und konsequent in den Fokus zu nehmen, schafft gemeinsam mit dem Klienten einen roten Faden, der zum Erfolg der Beratung zentral beiträgt.

In Spannungsbögen zu denken, erfordert vielmehr zu prüfen, ob ein prozesshaftes Vorgehen gerade sinnvoll erscheint oder ob ein stärker vorstrukturiertes Vorgehen indiziert ist. Ein Methodenvorschlag ermöglicht eine Fokussierung auf einen Aspekt, er legt eine Struktur in den Prozess und schafft für eine Gesprächsphase Orientierung. Dabei wird der Spannungsbogen nicht in die eine oder andere Richtung aufgelöst. Er bleibt ein Bezugsrahmen auf einer Metaebene.

Allein der Bezug zu einem lösungsfokussierten Erstinterview vermittelt diese Spannung. Die Prozessgestaltung hangelt sich an vier großen Schritten entlang. Das ist zunächst das Problemgespräch (gemeint ist hier keine Problemanalyse), dem eine Zielerkundung mithilfe der Wunderfrage (siehe Kapitel 5, S. 98 f.) folgt. Die Suche nach Ausnahmen für Zieloptionen, die im Zuge der Explorationen über die Zeiten des Wunders formuliert wurden, beschäftigt sich sachlich damit, Mittel für Ziele zu entwickeln. Im Sinne einer Erprobung und Bewertung liefern Skalenfragen Ansatzpunkte für kleine nächste Schritte in Richtung des gewünschten Ziels.

Der Kontrast besteht darin, dass dieses vierschrittige Handlungsprogramm den Rahmen dafür bildet, dem Klienten offene Fragen zu stellen, die ihn inspirieren, herauszufinden, was er genau wie mit welchen Schritten erreichen will. Die Fragen sind nicht hypothesengeleitet. Sie reagieren auf die Äußerungen des Klienten und stoßen eine Selbsterkundung des Klienten an. An diesen Stellen verschränken sich Struktur und Prozess. »Indem wir planen, konzentrieren wir unsere Aufmerksamkeit auf das Feld, das wir betreten wollen; dann verabschieden wir uns von dem Plan und entdecken die Wirklichkeit im Fluss der Zeit. So betreten wir die lebendige Gleichzeitigkeit« (Nachmanovitch, 2013, S. 33).

Improvisationen in der Beratung einzuführen, gelingt, wenn ich als Berater Erfahrungen mit diversen Vorgehensweisen intensiv sammele. Methoden und Konzepte fungieren dann als Etüden, um das Beratungshandwerk zu erlernen und mein eigenes Profil kennenzulernen wie zu schärfen. Je unterschiedlicher die Konzepte und Methoden sind, umso breiter wird das Repertoire, das dazu beiträgt, flexibel einen Beratungsprozess zu gestalten. Methoden bieten gerade jungen Kollegen Sicherheit. Je weniger ein schwerpunktmäßig methodengeleitetes oder manualisiertes Vorgehen notwendig wird, um innere Sicherheit und Souveränität zu erlangen, desto freier, flexibler und passförmiger kann ich als Berater auf die Äußerungen des Klienten Bezug nehmen. Und: Je mehr ich auf Erfahrungen mit methodischen Angeboten zurückgreifen kann, desto mehr kann ich sie modifizieren, damit sie für den Klienten bzw. das Anliegen passen.

Der Pool systemischer Fragen dient dazu, sich mit dem systemischen Denken und der systemischen Vorgehensweise vertraut zu machen. Es ist lohnend, sich bewusst zu machen, dass diese Fragen irgendwann erfunden wurden. Demnach erscheint es plausibel, spontan neue Fragen zu kreieren. Das Improvisieren bietet hierfür den bestmöglichen Raum und Rahmen. Letztlich geht es nicht um das Lernen der 15 effektivsten Fragen. Berthold Lomberg, ehemals Mitarbeiter der Fachhochschule Bielefeld mit Schwerpunkt auf eine Ressourcen- und Lösungsorientierung, hat regelmäßig wiederholt, dass Fragen und Techniken den Weg dafür bereiten, eine eigene systemische Haltung auszubilden.

Goodrick (1998, S. 125) unterscheidet zwischen Spielen und »reiner« Improvisation. Eine »reine« Improvisation zeichnet aus, sich mit Dingen zu beschäftigen, die unbekannt sind, und nicht Zitate von Dingen zu nutzen, die bekannt sind. Deswegen hält er eine Improvisation für harte Arbeit, die verwirrend und irritierend wirkt, genauso gut aber auch Zufriedenheit und Erfüllung hervorrufen kann. Aus seiner Sicht trifft man häufiger auf Musiker, die richtig gut spielen, statt konsequent zu improvisieren. In der Praxis existiert eine Mischform aus Spielen und Improvisieren, von der er meint, dass man sie kultivieren sollte. Für den Beratungskontext erscheint eine »reine« Improvisation in seinem Sinne ungeeignet, eine Mischform hingegen könnte eine Bereicherung für die Gesprächspartner sein.

Das Improvisieren vollzieht sich in Interaktionen. Es ereignet sich in einem gegenwartsbezogenen Moment (siehe Kapitel 5). Wenn ich erst durch die Antwort meines Gegenübers erfahre, was ich gefragt habe, dann stellt meine Reaktion als Berater auf die vorangegangene Antwort des Klienten eine Einladung zum improvisierenden Reagieren dar.

In solchen Situationen stellen

- mein Verständnis für den Stand der Anliegenentwicklung,
- meine Präsenz für den Klienten und die Kommunikation,
- meine Resonanzen auf das Gehörte,
- mein Blick auf die Bedürfnisse des Klienten,
- meine Achtsamkeit für meine Impulse,
- meine Bereitschaft zum Containing,
- mein Methoden-Know-how,
- meine Prozesskompetenz,
- meine Flexibilität,
- meine Fachlichkeit im Umgang mit Themen (z. B. Burn-out oder Stress) und
- meine Reflexivität

relevante Größen dar, die beim Improvisieren in der Beratungskommunikation eine Rolle spielen können.

Die aufgelisteten Aspekte lassen sich nicht vollständig in meiner nächsten Reaktion als Berater verdichten. Das ist schier unmöglich. Dennoch demonstrieren sie, welche Fähigkeiten sich im Verlauf der Berufsjahre herausbilden können bzw. welche es sich lohnt zu schulen. Sie begründen das Wissen, das Gefühl, den Zeitpunkt und die Erfahrung, die eine Improvisation gelingen lassen und hilfreich für den Klienten machen. In der Musik gilt: Meisterschaft resultiert aus unzähligen Stunden des Übens. In gewisser Weise trifft dies auch für das Beratungshandeln zu. Dabei kommt der Reflexivität eine zentrale Bedeutung zu, da sie das eigene Profil kritisch in den Blick nehmen kann und zugleich den Klienten und die Beratungsbeziehung berücksichtigt (vgl. Michalak u. Lüschen-Heimer, 2021, S. 19 f.). Jede Beratung erscheint dadurch einzigartig, nicht zuletzt, weil durch die Improvisationen das Selbst des Beraters und das Selbst des Klienten tönen. »Der soziale Charakter des Improvisierens findet sich überall dort, wo es, in welcher Form auch immer, zu Improvisationen kommt« (Bertram u. Rüsenberg, 2021, S. 27). In solchen Momenten wird es jazzig und die Gesprächspartner erfahren, was Beratungsjazz ausmachen kann.

3 Hypothesen (des-)orientieren

Einführende Überlegungen zum Thema »Hypothesen«

Täglich bilden wir in zahllosen Lebenssituationen Annahmen. Wofür tun wir das? Annahmen sind das Ergebnis unserer Beobachtungen – wir fertigen damit Erklärungen für unsere Beobachtungen an. Zugleich geht mit der Bildung von Annahmen eine Komplexitätsreduzierung einher. Aus einem Horizont an Möglichkeiten der Bedeutungen wählen wir auf der Grundlage unserer Erfahrungen die Annahme aus, die uns am plausibelsten erscheint. Ein weiteres Motiv ist: Im Angesicht von Kontingenz lassen uns Annahmen sicher und handlungsfähig fühlen. Wir gewinnen beispielsweise Gewissheit, indem wir Annahmen darüber herstellen, was uns als Nächstes erwartet. Annahmen darüber, wie wir die Situation bewältigen, in der wir gerade stecken, bzw. wie wir der Person, mit der wir gerade im Kontakt sind, am besten begegnen, vermindern unsere Unsicherheit, mit Unerwartetem umzugehen. Sie helfen uns zudem, unsere Umgebung kennenzulernen. Welches Licht geht an, wenn ich – in einer unbekannten Ferienwohnung angekommen – auf einen der Schalter drücke? Der Schalter im Bereich der Küche wird vermutlich die Deckenlampe in der Küche zum Leuchten bringen. Interessant wird es, wenn sich die Annahme nicht bestätigt, weil der Elektriker bei der Verkabelung einer anderen Logik gefolgt ist. Es handelt sich in diesen Fällen nicht um triviale berechenbare Vorgänge, sodass ein bestimmter Input nicht automatisch denselben Output hervorruft. Das Beleuchtungskonzept entspräche dann einem Überraschungspaket.

In einer Analogie gedacht, könnte man formulieren: Annahmen begleiten einen Beratungsprozess wie ein Schatten eine Person im

Sonnenlicht. Je nach Sonneneinstrahlung und Bewölkung ist ein Schatten unterschiedlich stark sichtbar. Er spiegelt die Person auf einer anderen Fläche und verwandelt dabei Farbigkeit in Grautöne und Drei- in Zweidimensionalität. Der Winkel der Sonneneinstrahlung verkürzt oder verlängert, vergrößert oder verkleinert ihn; ein Zwerg verwandelt sich in einen Riesen und umgekehrt. Im Zusammenspiel mit den Lichtverhältnissen konturiert die Beschaffenheit der Fläche, auf die der Schatten fällt, zusätzlich seine äußere Erscheinung. Ist der Himmel bewölkt, fällt das Licht diffus und ein Schatten lässt sich lediglich schwach erkennen.

Eine Beratung wird von zahlreichen Annahmen begleitet. Einige davon werden explizit zum Gegenstand des Gesprächs, einige bleiben unausgesprochen und werden unwichtig, andere wirken im Hintergrund. Gemeint sind auf der einen Seite die Annahmen der Klientin über sich, ihre Welt und die Beziehungen zu den Menschen in ihren Sozialräumen. Ebenso geht es um ihre Berichte darüber, mit welchen Annahmen aus ihrer Umwelt sie sich konfrontiert sieht.

Auf der anderen Seite entwickeln Beraterinnen ebenfalls mannigfaltige Annahmen über ihre Klientinnen. Das sind dann beispielsweise Annahmen über ihre Wirklichkeitskonstruktionen, ihre Ausstattung als Person oder ihre Art, Beziehungen zu gestalten. Nimmt man sich als Beraterin bewusst in den Blick, entwirft man auch Annahmen über das Verhältnis zur Klientin sowie zu den Kommunikationsmustern, die sich im Beratungsprozess identifizieren und reflexiv erschließen lassen – wissend, dass man daran aktiv beteiligt ist. Versteht man die Beraterin als Ethnologin, dann kann man sagen: Die Beraterin begibt sich in eine andere Kulturwelt, um deren Werte und Regeln zu studieren. Dabei bleibt die interessante Frage, mit welchen Werten und Regeln sie dabei vorgeht. Das Bilden von Annahmen gehört unvermeidbar zum Beratungshandeln dazu. Diese Überlegungen führen zu den Fragen: Wie geraten Annahmen zu Hypothesen? Was sind Hypothesen?

Hypothesen stellen Annahmen aus einer fachlichen Perspektive dar. Im Kontext von wissenschaftlichen Studien wird eine Fragestellung in Hypothesen überführt, die – operationalisiert – überprüfbar werden sollen. Im nächsten Schritt wird eine statistische Hypothese daraus abgeleitet, die mithilfe von Prüfverfahren analysiert wird. Das Ergebnis verifiziert oder falsifiziert die statistische Hypothese und regt damit zu weiteren Hypothesenbildungen und -prüfungen an.

Im Beratungskontext hingegen vermag eine Hypothese die Beraterin und die Klientin zu orientieren, weil sie dem Gespräch eine Richtung verleiht. Die Fachlichkeit zeigt sich darin, wie eine Beraterin ausgehend von den Anliegen der Klientin Hypothetisches in die Dialoge einstreut, um Wahlmöglichkeiten zu schaffen. Die Beraterin kann sich dabei auf verschiedene schulenspezifische Erfahrungen und Erkenntnisse beziehen (z. B. aus dem systemischen Ansatz, der Hypnotherapie, der Tiefenpsychologie, der Gestalttherapie, dem Focusing, der Idiolektik oder der Verhaltenstherapie), von denen sie meint, dass sie den Beratungsprozess voranbringen. Die fachlichen Annahmen der Beraterin betreffen beispielsweise alternative Erklärungen, Zusammenhänge von aktuellen Ereignissen mit biografischen Episoden oder auch Muster, die zur Loslösung von Problemen entwickelt wurden. Sie umfassen weiterhin Lösungsschritte für eine bessere Alltagsbewältigung oder den Umgang mit unbewussten Regungen, die soziale Interaktionen irritieren.

Eine Hypothese lenkt die Aufmerksamkeit; sie wirkt wie ein Attraktor, der einem gesprochenen oder gehörten Text Sinn verleiht und der die kommunikativen Anschlüsse in Bezug auf diesen Sinn in dazugehörige Bahnen leitet. Flankiert von einem reflexiven Gespräch zwischen Beraterin und Klientin über den Nutzen einer Hypothese kann sie einer Beratung einen deutlichen Anschub geben, Orientierung zu schaffen, Neues zu entdecken, bisher Ungenutztes zu aktivieren oder vermiedene Aspekte wertzuschätzen.

Fallskizze. Für die Beratungssitzung erstellte die Klientin ein Genogramm. Hintergrund dafür war, dass die Klientin sich mit der großen Verantwortung gegenüber ihrem Vater auseinandersetzen wollte, weil diese Verantwortung sie daran hindere, in innerer Freiheit ihren Lebensweg zu gehen. Im Zuge der Beschäftigung mit der familiären Situation wurde die Frage relevant, wer wie wann die Familie verlassen hat, um seinen eigenen Weg zu beschreiten. Die Schwester der Klientin war früh Mutter geworden und war mit ihrem Partner zusammengezogen. Ihre leibliche Mutter verstarb früh. Ihr Vater heiratete erneut, um für seine Kinder ein familiäres Umfeld zu schaffen. Die Stiefmutter verstarb ebenfalls zwölf Jahre später. Danach heiratete der Vater ein drittes Mal. Seine dritte Ehefrau hatte sich von ihrem ersten Mann scheiden lassen. Die Klientin war zu diesem Zeitpunkt erwachsen, lebte in einer anderen Stadt und stand regelmäßig mit ihrem Vater im Kontakt. Folgende Hypothese entstand: Bis zur dritten Ehe ihres Vaters war es lediglich möglich, die Familie zu verlassen, wenn ein Familienmitglied eine eigene Familie gründete oder verstarb. Erst danach war es problemlos möglich, sich aus anderen Gründen von der Familie unabhängig zu machen. Die Vermutung war, dass durch die dritte Ehefrau neue Werte und größere Handlungsspielräume das familiäre Miteinander bereichert haben. Die Klientin hielt die Hypothese für plausibel. Denn die Sichtweise ermöglichte ihr, mehr eigenverantwortlich und mit gutem Gewissen ihre nächsten Schritte zu gehen.

Kommentar. Bei der Arbeit mit einer Methode wie dem Genogramm ist es üblicherweise so, dass die Beraterin Hypothesen entwickelt und benennt. Sie können beispielsweise dazu dienen, Zusammenhänge aufzuzeigen, Informationen zu sammeln, Phänomene zu benennen oder transgenerative Themen aufzugreifen. In diesem Fall ist es die Überlegung der Beraterin, Phänomene zu bündeln, um der Klientin einen distanzierten Blick auf ihre familiäre Herkunft zu ermöglichen. Zugleich versucht sie Anknüpfungspunkte für das Entwickeln von mehr Eigenverantwortung zu thematisieren, indem sie die verschiedenen Moralvorstellungen in der Familie der Klientin in den Blick nimmt. Relevant für das Beratungsgeschehen bleibt dabei, dass die Bedeutungen, die sich verändern, dem Anliegen der Klientin entsprechen.

Die einleitenden Gedanken führen zu weiteren Fragen: Was bewirkt eine Hypothese? Was ermöglicht bzw. verhindert sie?

Beratung ohne Hypothesen

Fallskizze. In einer Beratung zeigte eine Klientin kurz eine Geste – sie hob die Hand zu ihrer Stirn. Der Eindruck, der bei der Beraterin entstand, war sofort, dass die Klientin sich in der sozialen Situation, von der sie berichtete, schämte. Das löste zunächst eine Suchbewegung aus, die Scham zu verstehen und sich nach biografischen Referenzerfahrungen zu erkundigen. Die Szene war, dass ihre Freundin sich in Hörweite zu ihrer Nachbarin über deren Kleinbürgerlichkeit abwertend äußerte. Genau in diesem Moment hatte sie in der Beratungssitzung die Hand zur Stirn gehoben. Die Assoziation Scham lag nahe, war aber unzutreffend, da die Geste – wie sich später im Gespräch herausstellte – Verzweiflung ausdrückte, da die Klientin ambivalent war, wie sie sich in dieser Situation verhalten wollte. Einerseits war sie geneigt, ihrer Freundin in der Beschwerde über die Kleinbürgerlichkeit zuzustimmen, andererseits empfand sie das Verhältnis zu ihrer Nachbarin als freundlich und wollte nicht auf die spontanen geselligen Treffen mit der Nachbarschaft verzichten.

Kommentar. Sich mit der Äußerung von Hypothesen im Beratungsgespräch zurückzuhalten, kann nützlich sein, um die Sicht der Klientin kennenzulernen. Dafür benötigt es eine Neugierde für deren Äußerungen und Regungen, in diesem Fall die nonverbale Geste. Die nicht geäußerte Hypothese entfaltet eine Eigendynamik, die Erkundungen im Hinblick auf das Thema »Scham« in Gang bringt. Beobachtung und eine Interpretation der Beobachtung laufen im Gespräch mit, sie zu registrieren und gegebenenfalls zu prüfen, erscheint vor allem dann sinnvoll, wenn die nachfolgenden Prozessinterventionen darauf aufbauen. Die Geste explizit zu verbalisieren und damit kommunikativ ins Spiel zu bringen, hätte eine Abkürzung im Beratungsprozess dargestellt. Denn die Beobachtung nonverbalen Verhaltens löst bei Beobachtenden spiegelneuronale Aktivität aus. Die introspektive Wahrnehmung der inneren Regungen und deren sprachliche Zuordnung weisen stets auf die Beraterin und ihre innere Erfahrungswelt zurück.

Steve de Shazer wird die Äußerung zugeschrieben: »Wenn du eine Hypothese hast, nimm eine Kopfschmerztablette und warte ab, bis sie verschwindet.« Er neigte zu pointierten Aussagen – beispielsweise behauptete er, dass das Konzept des psychischen Widerstands, das Sigmund Freud formuliert hat, in seinem Hinterhof begraben liege. Seine Überlegungen erlauben, etablierte Konzepte aus dem Rahmen des Selbstverständlichen bzw. bewährter fachlicher Standards zu heben, um sie in ihrer Bedeutung neu ausloten.

Auf der Folie, dass der lösungsfokussierte Ansatz die Struktur des Problems als unabhängig von der Struktur einer Lösung sowie die

Klientinnen als Expertinnen für ihre Probleme, Ziele und Ressourcen betrachtet, erscheint Steve de Shazers Aussage sinnvoll. Erste Begründung: Hypothesen über die Beschaffenheit des Problems verlagern die Aufmerksamkeit der Beraterin auf Aspekte, die für eine Entwicklung von kreativen Lösungen hinderlich sind. Zweite Begründung: Eine Hypothese bzw. Fragen, die von Hypothesen geleitet werden, verweisen auf Lösungsideen der Beraterin. Sie erfassen, worüber sie spekuliert, was im Angesicht ihrer Schwierigkeiten hilfreich für die Klientin ist.

Gleichzeitig verleiten sie die Klientin, sich mit fremden Impulsen zu beschäftigen. Hypothesen der Beraterin, die Lösungsideen transportieren, hemmen die Selbstorganisation der Klientin. Vorstellungen, die aufkeimen, während die Klientin ihre Visionen über eine problemfreie Zeit erkundet, aktivieren Motivation, weil sie an eigene Vorstellungen und Ressourcen angekoppelt sind. Genau genommen sind Hypothesen zu Lösungen weder falsch noch richtig. Es erscheint nicht falsch, weil die Hypothese der Klientin Anregungen geben kann, und nicht richtig, weil es Umwege provoziert.

Die Frage »Wie wird Ihre Mutter reagieren, wenn Sie sich im Sinne einer Entspannung bei ihr entschuldigen?« veranschaulicht dieses Phänomen deutlich. Wenn die Beraterin fragt: »Was ist Ihre Vorstellung, wie die Beziehung zu Ihrer Mutter aussehen soll?« und ergänzend: »Welche Schritte wollen Sie dafür möglicherweise gehen?«, führt sie indirekt keine Lösungsidee ein, sondern lädt die Klientin zu Überlegungen ein, die zu Lösungsoptionen führen. Auf den Ebenen der Haltung und des Fragens braucht es Offenheit, Präsenz, Neugierde und Demut der Beraterin, um der Klientin begleitend zur Seite zu stehen. Die genannten Aspekte stellen zentrale Bausteine für eine Prozesskompetenz der Beraterin dar.

Mit seiner kritischen Haltung gegenüber Hypothesen hinterfragt Steve de Shazer (vgl. de Shazer u. Dolan, 2008) einen etablierten Grundpfeiler des Beratungshandelns. Bot die Hypothese bis dato ein Geländer für Erkundungen, um Erfahrungen der Klientinnen anders zu sortieren, oder für Gewissheiten, die im Kopf der Beraterin entstanden sind, aktiviert eine Beratung ohne Hypothesen Selbstorganisationsprozesse der Klientin. Ihr Wissen, ihre kognitiven wie emotionalen Fähigkeiten und ihre Erfahrungen mit Lebensthemen stehen im Mittelpunkt. Sie bilden den Kristallisationspunkt für idiosynkratische Prozesse, die nicht vorhersehbar sind. Eine Beratung, die bewusst auf Hypothesen verzichtet, verlässt sich auf die Erkenntnisse und Ergebnisse eines co-kreativen Prozesses, dessen Merkmale sind, dass die Beraterin offene Fragen stellt und die Klientin Antworten entwickelt. Fragen zielen prinzipiell darauf, Unterschiede zu erzeugen, die einen Unterschied machen. Das sind in jedem Fall Fragen, die zu einem Nachsinnen über Fortschritte und Verbesserungen einladen, oder Fragen, die auf das blicken, was noch oder nach wie vor funktioniert.

Die lösungsfokussierte Position erscheint aus einer anderen Warte nicht minder zweckmäßig. Das *Nicht-Wissen* beschreibt eine systemische Haltung für Beratung. Die Begriffe, die Klientinnen verwenden, scheinen uns als Beraterinnen geläufig zu sein, wenn wir sie hören, sodass sie rasch in den Hintergrund geraten. Ein Nicht-Wissen unterstellt eine Differenz im Verständnis der genannten bzw. gehörten Begriffe. Was die Klientin meint, wenn sie von »depressiven Phasen« spricht, muss nicht mit den Fachkenntnissen der Beraterin über Depression korrespondieren. Wird dies dennoch unterstellt, beginnt die Beraterin ihre Kategorien bzw. die ihr bekannten Symptomlisten zu prüfen. Eine Haltung des Nicht-Wissens stellt das eigene Wissen (vorläufig) in den Hintergrund und fragt die Klientin beispielsweise, woran sie im Detail feststelle, dass sie mit depressiven Phasen konfrontiert sei. Die Position des Nicht-Wissens befürwortet ein langsames Verstehen. Ein vorschnelles Verstehen verleitet dazu, Übereinstimmung da anzunehmen, wo sie nicht besteht, und vergibt zugleich eine Chance, die Wirklichkeitskonstruktion der Klientin ausführlicher zu erkunden. Die Position des Nicht-Wissens verhindert, dass das vorzeitige Formulieren von Hypothesen Spuren in ein Gespräch legt, die auf einem Missverstehen beruhen. Ist dies nicht bewusst berücksichtigt oder gewollt, wird eine Gelegenheit vergeben, im co-kreativen Miteinander neue Perspektiven zu generieren.

Beratung mit Hypothesen

Im systemischen Kontext hat sich der Begriff des *Hypothetisierens* etabliert, der darauf hinweist, dass mehrere Hypothesen aufgestellt werden. Hypothetisieren als Begriff geht auf die Mailänder Schule (vgl. Selvini Palazzoli, Boscolo, Cecchin u. Prata, 1981) zurück und kann sinnvoll auf zwei Ideen bezogen werden. Die erste Idee ist, dass es sich um etwas *Prozesshaftes* handelt; die zweite, dass es um das Erzeugen einer *Vielzahl* fachlicher Annahmen geht, die benannt werden. Die Rede von der Hypothesenbildung erscheint dagegen wie ein notwendiger Schritt in einer Beratung, der nicht übersprungen werden darf. Zudem suggeriert er, eine zutreffende Hypothese zu erarbeiten. Ein solches Verständnis ist nicht mit einer erkenntnistheoretischen Position kompatibel, die postuliert, dass alles, was geäußert wird, von einer Beobachtenden geäußert wird. Eine Beobachtung stellt eine individuelle Leistung dar, die von Wahrnehmungsmöglichkeiten und inneren Strukturen der Beobachtenden abhängt. Personen, die dieselbe Szene erleben, werden mit großer Unwahrscheinlichkeit später identisch darüber berichten, da davon auszugehen ist, dass sie andere Unterscheidungen und Bezeichnungen im Zuge der Beobachtung vornehmen. Dementsprechend kann von unterschiedlichen Wirklichkeitskonstruktionen ausgegangen werden. Eine formulierte Hypothese ist dann vielmehr plausibel als richtig. Verschiedene Hypothesen zu einem Phänomen zu generieren, will beflügelnd und nicht wahrheitsgetreu sein. Die Vielzahl als solche weist auf Möglichkeitsräume hin. In der Beratung der Klientin wiederholt Hypothesen zu verschiedenen Anliegen anzubieten, eröffnet den Blick darauf, dass die Klientin die Wahl hat und sie sich für eine Option aus Alternativen entscheiden kann.

Offeriert die Beraterin der Klientin unterschiedliche Hypothesen, betont sie die Anregungsqualität. Dabei soll es nicht nur um das Beschreiben von Interaktionsmustern gehen (vgl. Pfeiffer-Schaub, 2020). Hypothetisieren beschreibt eine methodische Möglichkeit, der Klientin inspirierend bei der Bearbeitung ihrer Anliegen zur Seite zu stehen. Damit wird unterstrichen, dass die Hypothesenbildung im Dienst der Anliegenentwicklung (vgl. Michalak, 2013) steht. Zugleich wird angedeutet, dass das Formulieren von Hypothesen zu verschiedenen Phasen einer Beratung möglich und sinnvoll erscheint und über das Beobachten und Formulieren von Interaktionsmustern hinausgeht.

Sprachlich kann das Hypothetische dadurch betont werden, dass Formulierungen gewählt werden wie »Könnte es sein, dass …?« oder »Ich könnte mir vorstellen, dass …« oder »Wenn jemand, der uns bisher zugehört hat, vermuten würde, dass …: Was würden Sie ihm antworten?«. Sie machen bewusst, dass es sich nicht um eine Zuschreibung oder Tatsache handelt, von der gerade gesprochen wird. Diese Formulierungen haben sich in der Arbeit mit dem Reflektierenden Team bewährt (vgl. Andersen, 1994). Bei den Dialogen eines Beobachtendensystems über die Dialoge des Beratungssystems verhindern sie Zu- und Festschreibungen und heben stattdessen den Möglichkeitscharakter der Annahmen hervor. Ein Hypothetisieren kann sich im Beratungsprozess auf verschiedene Gesichtspunkte beziehen. Das sind beispielsweise die Anerkennung von Lebenslagen, die Ressourcenorientierung, die Musterunterbrechung und das Erfinden alternativer Erklärungen.

Hypothetisieren im Sinne einer Anerkennung von Lebenslagen. Im Modell zur Beziehungsgestaltung in der systemischen Beratung, das von Loth und von Schlippe (2004) ausgearbeitet wurde, betonen die Autoren zwei fundamentale Bewegungen. Das sind zum einen das Herstellen einer Metastabilität bzw. das Schaffen eines sicheren Rahmens für die Beratung und zum anderen das Herstellen von Instabilität bzw. das Einladen zu Risiken jenseits einer individuellen Komfortzone. Ein Hypothetisieren, das Lebenslagen anerkennt, kann dem Herstellen einer Metastabilität zugeordnet werden. Das Anerkennen lässt sich auf verschiedenen Wegen realisieren. »Mir erscheint es als Zuhörerin rückblickend, als wäre Ihnen im Angesicht der familiären Probleme über eine längere Zeit zugemutet worden, sich unter großen Anstrengungen über Wasser halten zu müssen.« Es geht um ein Bestätigen der Bewältigungsschritte und Anstrengungen der Klientin, um im weiteren Verlauf der Beratung gemeinsam herauszufiltern, welche Anliegen in der Beratung behandelt werden sollen. Zu bedenken ist dabei: Bei anerkennenden Formulierungen bezogen auf das Leid der Klientin handelt es sich auch um Hypothesen.

Hypothetisieren im Sinne einer Ressourcenorientierung. Im Hinblick auf den lösungsfokussierten Ansatz listen Walter und Peller (1994) eine Reihe von Grundannahmen auf. Eine davon lautet: »Klientinnen verfügen über alles, was sie benötigen, um ihre Probleme zu lösen.« Diese Annahme lenkt den Blick der Beraterin auf die Ressourcen der Klientin, sodass sie – bildlich gesprochen – mit einem Teil ihrer Aufmerksamkeit die Interaktionen und Kommunikationen während der Beratung permanent nach potenziellen Ressourcen scannt. Da Ressourcen eine Bewegung zum Positiven (Grawe et al., 1994) erst ermöglichen, empfiehlt sich dieses Vorgehen bei der Entwicklung von Lösungen – Lösungen stellen Wahlmöglichkeiten für die Klientin dar, die sie vorher nicht konstruiert hat. Dabei kann relevant sein, auf die Aspekte zu achten, die so bleiben können, wie sie sind, weil sie für die Klientin in Ordnung sind. Oder der Blick wird darauf gerichtet, in welcher Weise die Klientin sich verhält, dass die Dinge in die richtige Richtung verlaufen. Die Aufmerksamkeit der Beraterin kann sich aber auch auf externe Ressourcen richten, da die Klientin über ein soziales Netzwerk berichtet, das sie bei Problemlagen hilfreich unterstützt. Unterstellt wird bislang, dass die Klientin ihre Ressourcen direkt wie indirekt in ihren Erzählungen einflechtet und es vor allem der Präsenz der Beraterin bedarf, sie aufzugreifen. Für den Fall, dass die Klientin keine Ressourcen berichtet, zeigt das Hypothetisieren einen Weg auf, sie dennoch aktiv zu unterstellen: »Ich könnte mir vorstellen, dass Ihnen Ihre Geduld im Konflikt mit Ihrem Bruder zugutegekommen ist, da Sie auf diese Weise eine Eskalation verhindert haben.« Die Annahme trifft möglicherweise nicht zu, eröffnet jedoch ein Nachdenken über Ressourcen und vermag dem Gespräch einen anderen Fokus zu geben.

Hypothetisieren im Sinne einer Musterunterbrechung. Kennen sich Menschen über eine längere Zeit, bilden sie kommunikativ Muster aus. Muster erzeugen Vertrautheit und geben Sicherheit, weil sie erwartet werden können. Manchmal provozieren sie Bekanntes und erzeugen einen Konflikt, indem sie sensible Themen anstoßen. Über eine längere Zeit eingeübt, verlaufen diese Muster nahezu automatisch und tragen zu einer kommunikativen Starre bei. Erkennt eine Beraterin solche Muster, kann sie sie hypothetisierend aus dem Rahmen des Automatischen herauslösen und sie auf einer Beobachtungsebene 2. Ordnung der Klientin zur Verfügung stellen. Gelingt es der Beraterin, das Muster zu beschreiben und dabei zugleich die jeweiligen Bedürfnisse und Motive der beteiligten Personen zu umreißen, erlaubt eine solche Hypothese, die auf Muster abhebt, eine Musterunterbrechung. Eine reine Musterbeschreibung, ohne die Ebene der damit verknüpften Bedürfnisse bzw. Motive zu berücksichtigen, greift erfahrungsgemäß zu kurz, weil sie zwar zu einem erstaunten Erkennen verhilft, die »guten Gründe« der Beteiligten jedoch ausklammert. Erst das Einbeziehen der Bedürfnisse und deren ausdrückliche Legitimation ermöglichen sowohl ein Verstehen als auch die Chance, darüber nachzudenken, wie die Bedürfnisse auf einem anderen Weg Beachtung finden können.

Selbstbeobachtung der Beraterin. Einen Sonderfall stellt es dar, wenn die Beraterin über die kommunikativen Muster, die in der Beratung zwischen ihr und der Klientin aufkommen und eine gewisse Stabilität aufweisen, aus einer Vogelperspektive reflektiert. Das Resultat der Selbstbeobachtung auf der Ebene der Muster kann die Beraterin für sich behalten, weil die Erkenntnis vorrangig dazu dient, ihre Arbeitsfähigkeit in der Beratung zu erhalten. Vorstellbar ist außerdem, dass sie ihre Erkenntnis der Klientin zur Verfügung stellt, um gemeinsam mit ihr in Betracht zu ziehen, ob die Beziehungsgestaltung während der aktuellen Beratung die Beziehungsgestaltung der Klientin in ihrem Alltag widerspiegelt. Trifft dies zu, kann das Muster daraufhin analysiert werden, wie es gegebenenfalls im Sinne von mehr Handlungsspielräumen modifiziert werden kann. Es ist dann sinnvoll, dass die Beraterin ihre Beobachtungen über kommunikative Muster einbringt, wenn sie mit dem Anliegen der Klientin korrespondieren und eine Einsicht erlauben. Denn prinzipiell können sie dazu beitragen, Perspektiven zu erweitern und neue Handlungsoptionen aufzuzeigen.

Hypothetisieren im Sinne alternativer Erklärungen. Simon (2020) definiert eine *dichte Beschreibung* als ein Zusammentreffen von drei Phänomenen, wenn wir uns in Sprache bewegen. Die Beschreibungen, die als dicht gekennzeichnet werden, differenzieren nicht eindeutig zwischen Wahrnehmung, Erklärung und Bewertung. Statt eine bloße Wahrnehmung zu formulieren, wird sie mit Bedeutungen, Sinn aufgeladen. Mal angenommen, eine Beobachterin erlebt, wie ein Mann zu seinem Auto geht. Aufschlussreich ist, wie sie darüber spricht, sie kann verschiedene Verben nutzen, um die Situation zu beschreiben: »Der Mann schritt gemächlich auf sein Auto zu.« Oder: »Der Mann hastete zu seinem Auto.« Oder: »Der Mann stolperte zu seinem Auto.« Oder: »Der Mann schleppte sich mühsam zu seinem Auto.« Oder auch: »Der Mann raste atemlos zu seinem Auto.« Je nachdem, welche Wörter in die Beschreibung einfließen, entstehen bei den Zuhörenden andere Bilder, Erklärungen und Bewertungen.

Hypothesen können hier ansetzen, sie ermöglichen, andere Erklärungen zu kreieren. Denn eine alternative Erklärung erlaubt eine andere Anschlusskommunikation oder Handlung. Denkbar ist ebenso, dass sie sich auf die Wahrnehmung als solche fokussieren; gefragt werden könnte, ob sich beispielsweise die visuelle von der auditiven Wahrnehmung unterscheidet. Wird Ähnliches gehört und gesehen? Was bedeuten Unterschiede? Analysiert werden kann zudem, welchen Einfluss der jeweils andere Wahrnehmungskanal als der gewählte auf die Erklärung oder Bewertung nimmt.

Generell basiert ein Hypothetisieren auf den Erfahrungen, der Kenntnis theoretischer Konzepte, der Intuition, den Beobachtungen der Beraterin sowie ihrer Fähigkeit, die Annahmen verständlich zu formulieren. Folgendes Tun kann im Beratungsverlauf relevant werden: das Anerkennen von Problemlagen, das Suchen nach Ressourcen, das Erfassen von Mustern und Zusammenhängen oder das Erwägen von alternativen Erklärungen. Dann stellt ein Hypothetisieren ein probates Mittel dar, die Klientin im Dialog zu anderen Sichtweisen einzuladen.

Der Spannungsbogen

Hypothesen können als Prozessmerkmal für das Format Beratung verstanden werden. Ihre Funktion besteht unter anderem darin, die Belastung in Bezug auf berichtete Schwierigkeiten zu reduzieren sowie Lösungen anzustoßen, indem sie Anregungen liefern, alternative Erklärungen einführen, Ressourcen schöpfen, Muster erkennbar machen oder Neubedeutungen anbieten. Hinzu kommt: Je plausibler eine Hypothese durch die Klientin bewertet wird, desto stärker setzt sie ihr Potenzial frei, einen Perspektivwechsel einzuleiten. Mit Hypothesen zu operieren, kann somit als ein prozessförderliches Intervenieren eingestuft werden, das im Dienst einer Anliegenentwicklung steht. Ein solches Verständnis sieht das Hypothetisieren als eine eigenständige Interventionsform, nicht als eine Vorbereitung einer (Abschluss-)Intervention.

Der sparsame Einsatz von verbalisierten Hypothesen stellt die antagonistische Position dar. Für diese Position spricht, dass eine Hypothesenabstinenz der Beraterin der Klientin zugleich die Fläche eröffnet, sich selbst ungestört im Hinblick auf ihre Vorhaben und Fähigkeiten zu reflektieren. Öffnende Fragen der Beraterin zielen auf diesen Selbsterkundungsprozess der Klientin. Man könnte die Hypothese zudem als eine Hypothek für die Beraterin bezeichnen, da sie ihre Aufmerksamkeit bindet, andere Unterscheidungen in der Beratung zu treffen. Damit die Hypothese nicht unterschwellig wirkt, weil sie der Beraterin ausgesprochen plausibel erscheint, erweist es sich als notwendig, sie transparent zur Verfügung zu stellen. Lehnt die Klientin sie ab, konzentriert sich die Beraterin wieder auf den Prozess und die Anliegen der Klientin. Erlebt sich die Klientin von der Hypothese angesprochen, erschließt sie sich deren Gehalt im Gespräch darüber und fördert damit ihren Selbstorganisationsprozess. In einem solchen Fall ist der Impuls von außen gewinnbringend für die Beratung. Um aufseiten der Beratenden die innere Beweglichkeit aufrechtzuerhalten, kann es bei einer »sich aufdrängenden Hypothese« hilfreich sein, sich selbst zu fragen: »Was kann es noch bedeuten?«

Es geht hier weder um ein Loblied auf Hypothesen noch um ihre Ablehnung. Chancen und Fallstricke von Hypothesen zu kennen, erlaubt die Freiheit, sie im Beratungsprozess zu nutzen oder sie bewusst auszuklammern. Beide Positionen erschaffen einen Spannungsbogen, der – befreit von den Kategorien richtig oder falsch – ein Instrument für die Beratung darstellt, das eingesetzt wird, wenn die Beraterin seinen Einsatz für sinnvoll hält bzw. sie sich aus einer Sackgasse herausbewegen will. Die Hypothese bzw. das Hypothetisieren qualifizieren nicht notwendigerweise eine Beratung – nach dem Motto: Keine Hypothese zu haben, zeugt von einer Planlosigkeit der Beraterin. Vielmehr vermag ein wohldosiertes wie flexibles Hypothetisieren einen Beratungsprozess zu bereichern, weil neue Bedeutungen oder Sichtweisen damit in die Kommunikation eingespeist werden. Die Reaktionen und Antworten der Klientin geben einen verlässlichen Hinweis über den Nutzen der eingebrachten Hypothesen. Dabei lohnt es sich, stets im Blick zu behalten, dass Hypothesen als ein Angebot zu verstehen sind.

Fallskizze. In einer Beratung über die berufliche Karriere einer Klientin kam bei der Beraterin folgende Hypothese auf: Die von der Klientin als belastend empfundene Entscheidung, sich als Programmiererin ausbilden zu lassen, und die langen Jahre, die sie in diesem Beruf gearbeitet hat, wirken sich hemmend auf die nächsten Schritte als freiberufliche Atemtrainerin aus. Da die Tätigkeit als Programmiererin vorrangig mit »Kopfarbeit« verbunden war, fühlte sie sich entfremdet. In dieses Korsett wollte sie nicht zurück, zumal sie sich mit der Ausbildung zur Atemtrainerin als zufrieden erlebte. Im Gespräch bot ihr die Beraterin folgende Hypothese an: Die anstehende sogenannte Kopfarbeit, To-do-Listen zu erstellen und systematisch abzuarbeiten, um ihre Karriere als Atemtrainerin in Gang zu bringen, fühle sich wie eine Rückkehr zu einer alten belastenden Entscheidung – als Programmiererin zu arbeiten – an, die sie nicht wiederholen wolle. Auf diese Annahme der Beraterin reagierte die Klientin mit dem Satz: »Mein Stimmigkeitsgenerator springt gerade an.« Sie bestätigte damit die geäußerte Hypothese. Im weiteren Gesprächsverlauf widmete sie sich deutlich entlastet wie motiviert den nächsten beruflichen Schritten, da sie sich nicht länger vom Gespenst einer Fehlentscheidung verfolgt wahrnahm.

Kommentar. Im Gespräch nannte die Klientin die Worte »Kopf« und »Herz« häufiger. Die Arbeit mit dem Kopf war negativ, die mit dem Herzen positiv konnotiert. Sprach sie von der Kopfarbeit, die im Zusammenhang mit der Beruflichkeit als Atemtrainerin in Verbindung stand, war ein Unbehagen spürbar. Diese Beobachtung führte dazu, die obige Hypothese einzubringen. Kopfarbeit zu leisten, wirkte wie eine Affektbrücke zu den schwierigen Berufserfahrungen als Programmiererin. Sie wollte in jedem Fall verhindern, erneut eine Entscheidung zu treffen, die von ihr schwerpunktmäßig Kopfarbeit abverlangte und ihre Lebensqualität (erneut) trüben würde. Die obige Hypothese entspricht einer Umdeutung, die aus der Entweder-oder- eine Sowohl-als-auch-Alternative gemacht hat, in der beide Aspekte legitim erscheinen.

Zusammenfassend charakterisieren folgende Merkmale das Hypothetisieren:

- eigene Interventionsform,
- Prozessinstrument zur Anliegenentwicklung,
- kreative Interventionsoption und Anregungsquelle,
- Dialog- und Reflexionsangebot auf Augenhöhe,
- Beurteilung des Nutzens einer Hypothese ist Klientinnenangelegenheit.

Das Bild vom Beginn des Kapitels aufgreifend könnte man von faszinierenden Schattenspielen sprechen, zu der ein Hypothetisieren Anreize bietet. »Wir bieten mit unseren Hypothesen *Rorschachbilder* für Klientinnen an und sind neugierig zu erfahren, welche Inhalte sie für sie bedeuten« (persönliche Mitteilung, Heidbreder, 2023). Im Schattenbild entstehen Denkfiguren für die Klientin, die durch die Worte der Beraterin angeregt werden. Daran anschließende gemeinsame Reflexionen erschließen mögliche Gehalte des Bildes.

4 Welche Bedeutung haben Interventionen?

Das Wort »Intervention« geht auf das lateinische Wort »intervenire« zurück und meint »dazwischenkommen, dazwischentreten«. Interventionen werden eingesetzt, um problematische Prozesse zu vermeiden bzw. zu stoppen oder um Veränderungen in eine gewünschte Richtung anzuregen und zu fördern (vgl. auch Hübner, 2012). Als Intervention werden verstanden: »geplante und gezielte Maßnahmen, um Störungen vorzubeugen (Prävention), sie zu beheben (Psychotherapie) oder deren negative Folgen einzudämmen (Rehabilitation)« (Lexikon der Psychologie, 2023). Von Interventionen wird beispielsweise in der Politik, im Gesundheitswesen, in der Psychotherapie und in der psychosozialen Beratung gesprochen.

Im Kontext einer psychosozialen Beratung werden die Äußerungen des Beraters in der Regel als verbale Intervention bezeichnet. Zunächst einmal erlaubt dieser Begriff, die Äußerungen des Beraters von denen des Klienten zu unterscheiden – hieran werden auch die verschiedenen Motive »Hilfesuche« versus »Hilfeangebot« erkennbar. Eine verbale beraterische Intervention zeichnet aus, dass sie auf ein Ziel gerichtet wird. Es wird erwartet, dass die Intervention eine Veränderung in die gewünschte Richtung bewirkt – dahinter stehen Kausalitätsannahmen, die sich auf triviale Systeme beziehen (vgl. hierzu Hübner, 2012). Zudem verweist der Einsatz verbaler Interventionen auf die Fachkompetenz des Beraters, die auf der nachgewiesenen Qualifikation in einem etablierten Beratungsverfahren fußt und sich nach dessen Qualitätskriterien, Methoden und Techniken richtet (vgl. hierzu auch Linden, 2021). Für gewöhnlich lassen sich als beraterische Interventionen Fragen, Deuten, Zusammenfassen, Darstellen, Kommentieren und Empfehlen voneinander abgrenzen.

Als Intervention werden viele unterschiedliche Mitteilungen des Beraters bezeichnet. Entsprechend lässt sich der Small Talk über die Fahrt zur Beratungspraxis als Intervention betrachten, weil er das Ankommen des Klienten ermöglicht bzw. erleichtert, weil er ein Interesse an der Person signalisiert oder weil er den Klienten indirekt dazu einlädt, seine aktuelle Stimmung zu äußern. Dem Klienten mehrere Sitzmöglichkeiten im Beratungsraum anzubieten, stellt zudem eine Intervention dar, die darauf zielt, dem Klienten Sicherheit zu vermitteln. Den Klienten darüber zu informieren, welche Prozesse im Gehirn geschehen, wenn eine Person nach einer starken Belastung plötzlich von Bildern des Ereignisses überflutet wird, gilt als edukative Intervention. »Wann war es gestern weniger schlimm?« ist eine Intervention, die die Aufmerksamkeit des Klienten auf einen bedeutsamen Unterschied richten will, um möglicherweise auf nicht bewusste Bewältigungsressourcen zu stoßen.

Die Begegnung und Begrüßung an der Tür können bereits eine Intervention darstellen. Menschen haben die Gewohnheit, in sozialen Situationen zu lächeln. Es signalisiert, freundlich einander wahrzunehmen. Das gegenseitige Lächeln sorgt dafür, sich mit großer Wahrscheinlichkeit sicher fühlen zu können. Therapeuten, die das Lächeln bewusst nicht erwidern, rufen bei Menschen mit einer Angstthematik Unsicherheit hervor. Wird diese anschließend zum Gegenstand des Gesprächs gemacht, kommt der Klient, der sich als stark ängstlich erlebt, direkt mit einem Therapiethema (aus psychodynamischer Sicht handelt es sich um das Thema Aggression) in Kontakt. Entsprechend war ein Studienergebnis, dass Therapien, in denen die Therapeuten von der ersten Begegnung an das Lächeln und wiederholte Einladungen zu Freudeinteraktionen seitens des Klienten nicht erwidert haben, als erfolgreicher beurteilt worden sind (vgl. Krause, 2003, S. 323 f.).

Interventionen können sich aus mehreren Schritten zusammensetzen. Die Wunderfrage (vgl. de Shazer u. Dolan, 2008) als Intervention beispielsweise regt zu einer Fokusveränderung an. Sie untersucht Vorstellungen des Klienten über seine Situation, wenn das Problem an Bedeutsamkeit verloren hat und andere Aspekte im Leben im Vordergrund stehen. Diese Intervention leitet ein Interview über eine problemfreie Zeit ein und ermöglicht, diverse Zieloptionen des Klienten kennenzulernen, vorausgesetzt, weitere Interventionen unterstützen den Klienten dabei, seine Vorstellungen über das Wunder bzw. seine Vision von einem Leben ohne das Problem detailliert auszumalen. Um die Wunderfrage als Intervention gewinnbringend anzuwenden, benötigt es weitere (Unterschieds-)Fragen bzw. Interventionen.

Die Methode des Externalisierens (White u. Epston, 1994) einzusetzen, ist – grob skizziert – mit einer Reihe von Interventionen verknüpft, die aufeinander aufbauen. Das sind zunächst a) eine Information über das Vorgehen bzw. eine Einladung zu einem Experiment, b) eine Externalisierung des Problems, bei der verschiedene Sinneskanäle berücksichtigt werden (»Wie sieht das externalisierte Objekt aus? Wie hört sich das Objekt an? Welchen Namen hat das Objekt?« etc.), c) die Reflexion des wechselseitigen Einflusses (»Wie beeinflusst das externalisierte Objekt Sie in Ihrem Leben und welchen aktiven Einfluss haben Sie auf das externalisierte Objekt?«) und d) der Abschluss mithilfe einer posthypnotischen Suggestion (»Seien Sie neugierig darauf, wann und wie es Ihnen in der nächsten Zeit gelingen wird, aktiv Einfluss auf das externalisierte Objekt zu nehmen«) bzw. ein Transfer in den Alltag.

Dementsprechend wird auch von Interventionsstrategien oder einem Interventionsdesigns gesprochen. Suggeriert wird damit, dass das interventionelle Vorgehen des Beraters sich aus einem Bündel von Interventionen zusammensetzt, die aufeinander bezogen sind und sogar voneinander abhängen. Prozesse werden auf diese Weise vorstrukturiert. Je kanalisierender diese Strukturen wirken sollen, umso mehr verlieren sie den selbstorganisierenden Prozess des Klienten aus dem Auge. Der Klient unterliegt dann der Knechtschaft des Interventionsdesigns, die bestimmte Erkenntnisse, Erfahrungen bzw. Resultate der Beratung meint bewusst herstellen zu wollen.

Im Allgemeinen vereinbaren Berater und Klient, welche Ziele sie in der Beratung angehen wollen. Im systemischen Ansatz wird dabei mitgedacht, dass sich Ziele bzw. Anliegen im Verlauf einer Beratung verändern bzw. ausdifferenzieren. Im Zuge einer Anliegenentwicklung (Michalak, 2013) können Anliegen auf Ziele bezogen werden, die das Anliegen konkretisieren bzw. die die Umsetzung eines Ziels ansteuern. Zugleich handelt es sich um eine dynamische

Zielfindung, in der sich Ziele wie auch Anliegen wandeln können. Zum systemischen Denken gehört ebenfalls, dass Klienten als Experten für ihre Themen, Anliegen und Ziele gelten. Sie bestimmen, welche ihrer Anliegen zum Gegenstand der Beratung werden.

Was macht in diesem Zusammenhang eine zielgerichtete Intervention aus? Wer wann Ziele im Beratungsgeschehen definiert, hängt vorrangig vom Beratungskonzept und -ansatz ab. Dabei lassen sich mindestens zwei Perspektiven auf die Zielfindung unterscheiden. Das ist zum einen die Perspektive, dass Beratungsziele gemeinsam vom Klienten und Berater festgelegt werden. Und zum anderen geht es um die Wege, die eingeschlagen werden, um diese Ziele zu erreichen. Im Sinne des Rubikonmodells (vgl. Heckhausen u. Gollwitzer, 1987) könnte man beispielsweise Zielintentionen von Durchführungsintentionen abgrenzen. Je stärker der Berater davon ausgeht, dass seine Expertise darin besteht, dem Klienten durch seine Interventionen zu bestimmten Einsichten, Fähigkeiten oder Neubewertungen zu verhelfen, desto mehr läuft die Logik mit, den Klienten dahin zu führen, seine Ziele mithilfe der Durchführungsintentionen des Beraters zu erreichen. Unterstellt wird dann, dass der Berater den Weg zum Ziel kennt und als Wanderführer durch unwegsames Gelände fungiert. Basiert das Beratungshandeln auf einer dynamischen Zielfindung, wird das angedeutete Vorgehen konterkariert, da es eine mehrfache Veränderung des Ziels auf dem Weg dahin als störend, vermeidend oder sogar widerständig bewerten muss.

Interventionen strukturieren einen Beratungsprozess. Diese Aussage lädt zu einer weiteren Betrachtung ein. Denn Interventionen können hinsichtlich ihrer Orientierung an den Aspekten Struktur bzw. Prozess differenziert werden. Diese Idee entstammt der Gruppendynamik. Folgt die Intervention dem Prozess des Klienten oder kanalisiert sie im Sinne eines Strukturmodells die Beratung? Mit Bezug auf eine Prozessorientierung ist es sinnvoll, dass Äußerungen des Beraters dem Erlebens- und Erkenntnisprozess des Klienten folgen. In der Gruppendynamik wird von der Leitfigur »Struktur folgt Prozess« gesprochen. Mit Struktur ist die Intervention des Beraters gemeint. Ein Beispiel: Zeigt sich ein Klient mimisch verärgert, so kann der Berater sagen: »Das spannt Sie gerade an.« Oder: »Das ärgert Sie.« Oder: »Das ruft Ärger hervor.« Diese Äußerungen verbalisieren mehr oder weniger den aktuellen Erlebensprozess des Klienten. Der Klient kann auf sein Erleben eingehen, es fokussieren oder es einfach nur kurz wahrnehmen und andere, ihm wichtige Gedanken in den Mittelpunkt stellen. Die Intervention des Beraters bezieht sich auf das aktuelle Erleben des Klienten. Wie der Klient mit dieser Anregung umgeht, obliegt seiner Selbstorganisation.

Lilly Kemmler betonte in ihren Vorlesungen über die klinische Psychologie, dass die Bewertung des Therapeuten und die des Klienten selten darin übereinstimmten, was während einer Therapiesitzung als hilfreich betrachtet wurde. Während Therapeuten bestimmte Interventionen, die sie vorgenommen hatten, als zentral einstuften, führten Klienten nach einer Therapiesitzung Nebensätze an, die sie als besonders hilfreich erlebten. In jedem Fall kann festgehalten werden, dass dasselbe Geschehen in Abhängigkeit von der Rolle und der Perspektive unterschiedliche Narrative über den Nutzen erzeugt.

Die Frage dabei ist also, ob die auf ein Ziel gerichtete Absicht, die der Berater mit seiner Intervention verfolgt, auch realisiert wird, weil der Klient sie versteht und bereit ist, sich auf sie einzulassen. Im Hintergrund läuft die Frage mit: Wer beobachtet eine Äußerung als Intervention und wer misst ihr welchen Wert bei? Denkbar ist zudem, dass weder der Berater noch der Klient einen Small Talk als Intervention einordnen, wohl aber ein anwesender Co-Berater.

Beratung mit beraterzentrierter Intervention

Der Grund eines Klienten, eine Beratung in Anspruch zu nehmen, ist für gewöhnlich eine Problemlage, die er nicht mehr selbstständig bewältigt. Er benötigt professionelle Hilfe hinsichtlich der (Los-)Lösung von seinen Schwierigkeiten. Um der Beratung eine Richtung zu geben, werden folglich Ziele vereinbart, die erreicht werden sollen und zugleich das Ende der Beratung definieren. Verbale Interventionen des Beraters orientieren sich prinzipiell an den vereinbarten Zielen. Abhängig vom Beratungskonzept und Menschenbild wird Interventionen ein unterschiedlicher Stellenwert beigemessen.

Die Gegenüberstellung von einem beraterzentrierten und einem beratungssystemzentrierten Verständnis veranschaulicht, wie Interventionen nicht unterschiedlicher verstanden werden können. Eine beraterzentrierte Position schreibt dem Berater ursächlich die Verantwortung für Veränderungsprozesse des Klienten zu; eine beratungssystemzentrierte Position hingegen sieht die Quelle für Veränderungen in der Kooperation zwischen Klient und Berater (vgl. hierzu Grossmann, 2006).

»Wir gehen davon aus, dass die erfahrungsmäßigen und unmittelbar situativen Voraussetzungen des Patienten nicht ausreichen, um sein Verhalten in Richtung auf eine erwünschte Form zu verändern. Dies macht eine Intervention von ›außen‹ erforderlich, etwa in Form eines psychotherapeutischen Arrangements. Der Therapeut ist dabei der wichtigste Agent bei der Verhaltensänderung des Patienten. Mit Hilfe seines Fachwissens verschafft er sich Informationen über den Patienten, bildet sich Hypothesen über das Zustandekommen und die Aufrechterhaltung der gestörten Verhaltens- und Erlebnisabläufe, legt gemeinsam mit dem Patienten die Zielrichtung des therapeutischen Unternehmens fest, schafft Bedingungen und setzt Interventionen, durch die sich das Verhalten des Patienten innerhalb und außerhalb der Therapiesituation nachhaltig ändert« (Graupe, 1975, S. 47, zitiert nach Grossmann, 2006, S. 143). Da die Beratung lange Zeit als kleine Schule der Therapie galt, beeinflusst(e) das obige Verständnis auch die Denk- und Vorgehensweise in der psychosozialen Beratung.

Eine Hausaufgabe als Intervention in einem kognitiv-behavioralen Kontext beispielsweise fordert zum Üben auf. Die Ergebnisse des Übens liefern das Material für die darauffolgende Sitzung. Eine Ignoranz gegenüber den Hausaufgaben wird möglicherweise zum Problem für das weitere Vorgehen in der Beratung. Im lösungsfokussierten Ansatz will der Berater den Klienten zu kleinen Experimenten, neuen Erfahrungen und neuen Sichtweisen anregen. Werden die Hausaufgaben nicht bedacht, wird dies der Selbstverantwortung des Klienten zugeschrieben und nicht weiter als Problem thematisiert. Nach Steve de Shazer wird die Modifikation oder Nicht-Befolgung einer Aufgabe/Intervention nicht als Widerstand, sondern als Kooperationssignal des Klienten verstanden. Der Berater erhält dadurch einen Hinweis, dass die Anregung für den Klienten unpassend war.

Interventionen sind – wie bereits angedeutet – in einem größeren Bedeutungsfeld zu betrachten. Sie beziehen sich auf Methoden und Techniken eines Ansatzes und stellen Operationale dar, wie ein Veränderungsprozess gemäß den spezifischen Annahmen des Ansatzes gestaltet, gefördert und unterstützt wird. Eine wichtige Weiche ist hierbei, welche Bedeutung diagnostische Beobachtungen innehaben, die auf Fragebogendaten, standardisierten Beobachtungen oder Interviews beruhen. Bilden sie den notwendigen Ausgangspunkt für das weitere Vorgehen, erfolgt der Einsatz von Interventionen im Licht der diagnostischen Beobachtungen und der Beratungsziele.

Aufbauend auf den diagnostischen Beobachtungen interveniert der Berater zielgerichtet im Hinblick auf die Bewältigung der Problemlage und die Erreichung der vereinbarten Beratungsziele. Er beansprucht Wissen und Erfahrung, was als hilfreich für die Förderung von Veränderung anerkannt ist. Denn er versteht sich als Experte für Veränderungsprozesse. Entsprechend dem Menschenbild und dem Verständnis von Veränderungsprozessen werden Interventionen auf verschiedenen Ebenen (z. B. kognitiv, emotional, verhaltensbezogen, interaktionell) eingeführt. Ein solches Verständnis bietet Sicherheit und Orientierung, weil es eine Richtung für Interventionen aufzeigt. Der Berater lenkt gemäß seinen Beobachtungen und Bewertungen seine Aufmerksamkeit und sein Handeln auf relevante Aspekte, die einen Veränderungsprozess begünstigen oder verhindern.

Diagnostische Beobachtungen fungieren dementsprechend als Leitplanken, die dem Beratungsprozess eine sinnvolle Richtung verleihen. Innerhalb der Leitplanken können Interventionen als Instrumente eingesetzt werden, die dabei helfen, Probleme zu analysieren, sie anders zu bewerten, Ziele zu definieren, die Zielerreichung zu fördern bzw. Prozesse abzuschließen. Für den Berater gewähren sie eine sichere Orientierung für den Verlauf der Beratung und erlauben eine Standardisierung.

Zudem bündeln bewährte Interventionen Erfahrungen aus zahlreichen Beratungen. Ihre Kenntnis und die erlernte Anwendung der Interventionen in der eigenen Praxis bieten nützliche Ansatzpunkte, um auf Probleme, Erwartungen, Konflikte oder Zielvorstellungen des Klienten reagieren zu können.

Ein solches Vorgehen erscheint vorproduziert und folgt Programmen, denen Nützlichkeit zugeschrieben wird. Kritisch ist hierbei zu fragen, ob sie in ausreichender Weise die Ausstattung der Person, die Systemkomplexität und fallspezifische Gesichtspunkte im Blick behalten. Oder legt eine Veränderung des Anliegens bzw. der Zielvorstellungen ein anderes Vorgehen und somit andere Interventionen nahe? Interventionelles Vorgehen, das sich an Programmen orientiert, versperrt die Möglichkeit, spontan und kreativ auf Irritationen während der Beratung zu reagieren. Ausgetretene Pfade bieten dem Berater zwar Sicherheit, erlauben aber nicht, das Interventionsspektrum individuell wie auch für die Fachgemeinschaft zu erweitern (vgl. Yalom, 2010). Und: Klienten reagieren oft anders und unerwartet auf die Interventionen des Beraters.

Beratung mit beratungssystemzentrierten Anregungen

Im systemischen Denken wird eine instruktive Interaktion ausgeschlossen. Angenommen wird, dass der Klient auf der Basis seiner Ausstattung das wahrnimmt, was er wahrnimmt. Der Klient wird das, was ihm gesagt wird, auf seine ihm eigene Art verarbeiten. Er verleiht der beobachteten Mitteilung seine »Wahrheit« und damit auch seinen Nutzen. Die Absicht des Beraters, die er mit einer Intervention verbindet, wird so betrachtet nicht eins zu eins dekodiert und dann auch nicht entsprechend im Sinne des Beraters umgesetzt.

Anders formuliert: In der Beratung begegnen sich lebende Systeme (vgl. zu den folgenden Abschnitten Barthelmess, 2016; Fuchs, 1999), die über die grundlegende Fähigkeit zu Selbstorganisation verfügen. Lebende Systeme operieren gemäß ihrer Eigenlogik, die von außen nicht veränderbar ist. Eine Intervention, die absichtsvoll einen Zielzustand im Sinne eines Veränderungsanliegens anvisiert, ist in diesem Verständnis nicht möglich. Denn Informationen (eine Intervention kann ebenfalls als eine Information gewertet werden) können nicht vom Berater auf den Klienten transferiert werden. Vielmehr konstruiert der Klient systemintern das, was er als Mitteilung beobachtet, die an ihn gerichtet ist. Das hängt damit zusammen, dass der Klient seine Umwelt, zu der der Berater gehört, stets gemäß den eigenen Strukturen beobachten kann und in der Komplexitätsreduktion aus allem, was in einer Situation wahrnehmbar ist, das auswählt, was ihn besonders anspricht, ihn betrifft.

In dieser Weise beeinflusst der augenblickliche Zustand des Klienten, wie die Mitteilung verarbeitet wird. Welche Bedeutung wird der Intervention emotional, kognitiv und unbewusst als Information gegeben? Die Intervention als eine von außen angetragene Information wird autonom vom lebenden System verarbeitet. Im lebenden System Klient vollziehen sich ständig Prozesse, die an sich selbst anschließen. Sie sind Ausdruck der Selbstorganisation des lebenden Systems. Die Intervention wird vom Klienten als Umweltreiz aber nicht in ihrer ursprünglichen Absicht selbst wahrgenommen, da er sie sehr wahrscheinlich in einen anderen Sinnkontext einordnet.

Da ein lebendes System ebenfalls mit dem Kontext interagiert, kann ein Zusammenspiel zwischen den Äußerungen des Beraters (als Umweltreiz) und Resonanzen des Klienten (als Systemreaktion) beobachtet werden. Die Ebene der Beobachtung ist die zwischen System und Umwelt. Die Systemreaktionen sind nicht vorhersehbar, weil sie nicht von außen initiiert werden können. Da der Berater nicht in den Klienten hineinschauen kann, bleibt ihm nur die Möglichkeit, ausgehend vom beobachtbaren Zusammenspiel der Beteiligten in der Beratung, Hypothesen über die internen Strukturen und Prozesse des Klienten aufzustellen, wissend, dass sie seinem Beobachtungs-, Wissens- und Interpretationshorizont entspringen. Analysen über den Klienten sind somit im besten Fall als (nützliche) Konstrukte des Beraters einzustufen.

Das Kriterium der Zielgerichtetheit als exklusives Merkmal einer Intervention wird im systemischen Verständnis eher durch die Absicht des Beraters, anregende Unterschiede zu erzeugen, realisiert, aber nicht über ihre zielgerichtete Wirkungsweise auf den Klienten. Aus diesem Grund wird typischerweise von Anregung gesprochen. Die Äußerung des Beraters regt selbstorganisierende Prozesse im Klienten an. Will man die Äußerungen des Beraters auch weiterhin als Intervention bezeichnen, verdichtet sich die Intention des Beraters darauf, inspirierend zu wirken.

Ludewig (2013) listet als Qualitätsmerkmale einer Intervention des Beraters die Kriterien »schön«, »nützlich« und »respektvoll« auf. Sie geben dem Berater einen Hinweis, mit welcher Haltung er seine Interventionen formulieren kann. Das Ziel der Beratung besteht darin, einen förderlichen Dialog zu erzeugen. Der förderliche Dialog baut darauf auf, dass ein Berater sich präsent und kreativ auf die Prozessgestaltung der Beratung konzentriert.

Das von Ludewig (2015, S. 168) formulierte Dilemma lautet: »Handele wirksam, ohne im Vorhinein zu wissen wie«. Es widerspricht dem Gedanken, dass der Berater zielgerichtet Veränderungen im Klienten anregen kann, die zur gewünschten Zielerreichung bzw. Besserung der Lebenslage führen. Das Dilemma anzuerkennen, verwirft die inhärente Kausalität, mit der Intervention A des Beraters die gewünschte Veränderung B im Klienten zu bewirken. Mit einer Haltung, die auf Neugierde, Präsenz, Respekt und der Bereitschaft basiert, verschiedene als hilfreich erfahrene Instrumente bzw. Methoden einzusetzen, ereignet sich Beratungsjazz (vgl. Kapitel 2).

Die Anregungen des Beraters bringen wechselseitige Selbstorganisationsprozesse in Gang. Auf dem Boden eines Anliegens stoßen beispielsweise Fragen des Beraters und die entsprechenden Antworten des Klienten einen co-kreativen Prozess an. In beiden lebenden Systemen tragen die jeweiligen Selbstorganisationsprozesse dazu bei, andere Perspektiven und somit neue Wirklichkeiten zu konstruieren – angestoßen werden diese Prozesse über die beobachteten Mitteilungen des Gegenübers (vgl. auch von Schlippe u. Schweitzer, 2013). Diese Überlegungen korrespondieren mit der Haltung von de Shazer und Dolan (2008), dass offene Fragen Klienten anregen sollen, sich selbst im Hinblick auf ihre Ziele und Ressourcen zu erkunden. Fragen, die von Annahmen des Beraters durchwoben sind, führen zu einer Auseinandersetzung mit Hinweisen, die eher die Möglichkeiten des Klienten einschränken als erweitern. Denn der Berater sucht in solchen Situationen nur das in seiner Welt Bekannte und nicht das in der Welt des Klienten zu Entdeckende.

Fallskizze. Eine dreißigjährige Klientin berichtet darüber, dass sie ihren leiblichen Vater, von dem sie seit ihrer Kindheit getrennt lebt, intensiver kennenlernen möchte. Sie habe ihn vor Kurzem getroffen und in ihr bestehe der Wunsch, ihn erneut zu treffen. Ihre leibliche Mutter habe sie bei einem Besuch darüber informiert, diese habe verletzt darauf reagiert. Sie fühle sich verantwortlich, dass es ihrer Mutter gut ergehe. Ihr Stiefvater unterstütze sie dabei, ihren Weg im Umgang mit ihrem leiblichen Vater zu finden. Emotional erlebe sie sich wütend, traurig und ängstlich. Der Vorschlag, die beteiligten Personen und ihre Gefühle auf einem Systembrett aufzustellen, unterstützt die Klientin dabei, Klarheit zu gewinnen, wie sie mit ihrem Wunsch umgehen will. In der ersten Aufstellung wird ihre Zwickmühle deutlich. Sie stellt sich zwischen ihren leiblichen Eltern auf. Im Hinblick auf ihre Mutter stellt sie sich auf einen kleinen Sockel, der die Verantwortung symbolisiert, die sie für ihre Mutter empfindet. Als erste Anregung bzw. Interventionsidee wird das Systembrett genutzt, um dem Anliegen nach Klarheit nachzukommen. Es erlaubt, die inneren Prozesse nach außen zu bringen und aus einer anderen Perspektive auf das eigene Erleben und die innere Landschaft der aktuellen Familiensituation zu schauen. Eine weitere wichtige Anregung besteht darin, soziale Unterstützungssysteme aufzustellen, die im Hinblick auf die emotionale Lage der Klientin für Stabilität sorgen. Mehrere Freundinnen erfüllen diese Funktion. Die ursprüngliche Aufstellung wird durch zwei Freundinnen ergänzt, die im Rücken der Klientin positioniert werden. Mithilfe von kleinen Bändern wird dieses Unterstützungssystem gerahmt. Man könnte es als ein Ressourcenareal bezeichnen, das direkt ins Auge sticht. Eine dritte bedeutsame Anregung ist, dass die Klientin gebeten wird, ausgehend von der Frage »Wie müsste die Situation sein, dass Sie sich in guter Weise mit Ihrem Vater in Kontakt begeben können?« die Aufstellung zu verändern. Daraufhin stellt sie den Sockel, der die Verantwortung darstellt, neben ihre Mutter. Auch schafft sie sich mehr Freiraum, ihr soziales Unterstützungssystem sowie ihre Emotionen stehen weiterhin stärkend in ihrem Rücken. Ihre Mutter, deren Verantwortung für sich selbst und der Stiefvater stehen weiter entfernt und separat von der Klientin. Ihrem leiblichen Vater ordnet sie zusätzlich eine Verantwortung für sich selbst zu. Die neu entstandene Aufstellung erlebt sie als erleichternd und klar.

Kommentar. Die drei zentralen Anregungen in diesem Fallbeispiel sind die Arbeit mit dem Systembrett, das Berücksichtigen von sozialen Ressourcen und die Darstellung einer besseren Zukunft (bedeutet hier: Das Thema der Verantwortung wird anders gelebt). Die Anregungen haben sich im Verlauf des Beratungsprozesses ergeben. Sie waren nicht in der Reihenfolge – wie skizziert – geplant. Sie gründen auf Erfahrungen, die im Hintergrund eine Rolle spielen. Das sind, dass das Systembrett a) eine Veräußerlichung innerer Prozesse erlaubt, b) eine Verlangsamung von Prozessen ermöglicht, und c) Erleben zu aktivieren vermag. Die Bilder, die im Dialog entstehen, rufen unterschiedliche Bilder in den Köpfen der in der Beratung beteiligten Personen hervor. Das Systembrett erlaubt durch die Aufstellung, dass alle Beteiligten auf das Bild des Klienten schauen können. Als weitere Erfahrung wird relevant, dass gerade bei herausfordernden Lebenslagen eine Ressourcenaktivierung dazu beitragen kann, dass sich Klienten mit mehr Zuversicht, Sicherheit und Motivation ihrem Konflikt stellen. Eine Zukunftsorientierung wiederum zeigt in der Regel neue Handlungsoptionen oder Ziele auf. Eine Leitfigur dabei ist in jedem Fall, dass der Berater respektvoll Unterschiede anbietet, die für den Klienten einen bedeutsamen Unterschied erzeugen können, um so neue Denk- und Vorgehensweisen zu entdecken.

Der Spannungsbogen

Spricht man von Interventionen, dann ist man mit einem Begriff unterwegs, der inflationär verwendet wird. Im klassischen Verständnis suggeriert der Begriff Intervention, dass der Berater zielgerichtet auf den Klienten einzuwirken vermag, um ihn bei seinen Veränderungsprozessen zu unterstützen. Ohne Frage ist es sinnvoll, wenn der Berater darüber Kenntnis hat, was die eingesetzte Intervention für Effekte zeitigen und wie sie Prozesse sinnvoll flankieren kann. Im Sinne von Gunther Schmidt, der einen hypnosystemischen Ansatz verfolgt (vgl. Schmidt, 2004), könnte man bei komplexeren Interventionen im Sinne der Transparenz von einer »Produktinformation« sprechen, die der Berater dem Klienten aktiv vorab zur Verfügung stellt. Da der Interventionsbegriff oft unscharf benutzt wird, lässt sich sowohl eine einzelne paraphrasierende Äußerung des Beraters als auch ein umfangreicheres methodenbasiertes Vorgehen wie das Externalisieren als Intervention bezeichnen.

Aus einer systemischen Perspektive ist das Verständnis kritisch zu bedenken und die Annahme ist fragwürdig, dass der Berater mit seinen Äußerungen bzw. seinem Vorgehen zielgerichtet Prozesse beim Klienten anstößt. Vielmehr wird von einer Anregung oder Einladung gesprochen, um zu unterstreichen, dass die systemische Haltung eine instruktive Interaktion nicht für möglich hält. Interventionen sind wie Navigationsinstrumente, die den Prozess fördern und ihm Energie verleihen. Zugleich ermöglichen sie, jederzeit Kursänderungen im Sinne sich wandelnder Anliegen vorzunehmen. Dann erlauben sie, für kurze oder längere Zeit den Kurs zu rahmen und neue Kurse zu eröffnen. Sie beschreiben Werkzeuge, die dem Berater (und dem Klienten) das gemeinsame Driften (Simon u. Weber, 2012) reflexiv zur Orientierung zur Verfügung stellen.

Dennoch erscheint es nützlich, den Begriff Intervention weiterhin zu verwenden, nicht zuletzt, weil er in verschiedener Weise verwendet wird, auch in der systemischen Praxis. Plädiert wird hier allerdings für ein anderes Verständnis, als es z. B. im verhaltenstherapeutischen Kontext gängig ist. Intervention eignet sich als Begriff, der die Vorgehensweise des Beraters beschreibt und fasst. Dabei wird betont, dass das Vorgehen des Beraters auf fachlichen Kompetenzen, Überlegungen und Erfahrungen beruht. Unterstellt werden kann ebenso, dass das Vorgehen mit einer prinzipiellen Absicht praktiziert wird. Als Prinzip kann angenommen werden, dass der Berater einen Unterschied erzeugen will, der einen Unterschied für den Klienten macht. Beabsichtigt ist die Anregung einer veränderten Perspektive, eines neu verstandenen Sinns, durch den alternative Erlebens- und Verhaltensoptionen möglich werden. Die Absicht ist eine prinzipielle Absicht, weil sie eine Haltung realisiert und in der Regel zur Anwendung kommt. In der Sprache des Rubikonmodells (Heckhausen u. Gollwitzer, 1987) kann die prinzipielle Absicht auch als prinzipielle Zielintention eingeordnet werden. Die Absicht, Unterschiede zu erzeugen, unterscheidet sich dann von einer allgemeinen Absichtsbekundung, die nach einiger Zeit wieder aus dem Blick gerät. In diesem Fall stellt die Absicht des Beraters kein Problem dar. Berichtet der Klient eine Reihe von Gedanken und Erwägungen über sein Anliegen, kann beispielsweise die Frage »Was fühlen Sie gerade?« oder »Welche Verhaltensimpulse haben Sie jetzt?« einen Fokuswechsel und somit einen Unterschied erzeugen, um Themen bzw. Anliegen über verschiedene Erlebensweisen (Gedanken, Gefühle, Verhaltensimpulse) zu erkunden.

Die Absicht, Unterschiede bzw. andere Perspektiven anzuregen, dient auch dazu, den vom Berater beobachteten Prozess der Selbstorganisation des Klienten zu unterstützen. Da dieser Prozess von der inneren Eigendynamik und den Eigenstrukturen des Klienten abhängt, die von außen, vom Berater, letztlich nicht beobachtet werden können, basieren seine Ideen, durch seine Interventionen Unterschiede zu erzeugen, letztlich auf den mehr oder weniger plausiblen Annahmen des Beraters über den Klienten. Dieses Wissen schützt davor, komplexere Strategien zu verfolgen, weil es die Position des Nicht-Wissens bzw. der Neugierde achtsam vor Augen führt. Anders formuliert: Die Idee der Intervention verpflichtet sich dem Prozesskonzept, das heißt, die Intervention (als Strukturangebot) folgt dem Prozess des Klienten. Sie berücksichtigt dann den Prozess der Beratung wie den Prozess der Selbstorganisation des Klienten. Optimalerweise reflektiert sie bei Störungen auch den Selbstorganisationsprozess des Beraters.

Interventionen stellen also ein Mittel dar, die Beratung als Prozess zu verstehen und zu etablieren. Über die Antwort des Klienten auf die Äußerungen des Beraters gewinnt der Berater Informationen bzw. Anregungen seitens des Klienten, was möglicherweise die nächste hilfreiche wie unterstützende Anregung sein könnte. Die Intervention liefert eine Reflexionsstruktur, den Prozess des Klienten zu fördern. Ausgeklammert werden kann hingegen die Absicht, dass die Intervention genau das bewirkt, was sie vermeintlich bewirken soll. Die Selbstorganisation des Klienten ist autonom und folgt der eigenen inneren Struktur des Klienten – er hört, was er hört, sieht, was er sieht, fühlt, was er fühlt, etc. Die Rede von der Intervention liefert dementsprechend eine Beschreibung für die Aktivitäten des Beraters. Um dieses Verständnis in Texten zu markieren, könnte man den Begriff »Intervention« beispielsweise in Anführungszeichen setzen, um auf die veränderte Bedeutung hinzuweisen. In den nachfolgenden Textabschnitten wird dieses Verständnis beispielhaft umgesetzt.

Wird über das Potenzial einer komplexeren »Intervention« gesprochen – also eine Produktinformation vorgenommen –, dann geht es um die Erfahrungen und Beobachtungen, die der Berater mit dieser Vorgehensweise gemacht hat. In diesem Zusammenhang kann er auch darüber informieren, welcher Nutzen mit der »Intervention« verbunden ist, aber nicht wirken muss. Anders formuliert:

Der Berater setzt den Klienten über »Risiken und Nebenwirkungen« der »Intervention« in Kenntnis.

Hinzu kommt: Wird die Qualität der Beratungstätigkeit an den Begriff »Intervention« gehängt, dann wird das Vorgehen des Beraters als ein aktives Dazwischentreten gekennzeichnet. Gepaart mit dem Gedanken der Zielorientiertheit einer »Intervention« läuft die Gefahr mit, dass die Idee, einen förderlichen Dialog mitzugestalten sowie die Anliegenentwicklung und die Selbstorganisation des Klienten zu flankieren, aus dem Blick gerät.

Interventionen könnte man sich auch als Legosteine unterschiedlicher Form, Größe und Farbe vorstellen, die der Berater dem Klienten zum Bauen zur Verfügung stellt. Der Klient nimmt die Steine, betrachtet sie, legt sie zurück oder baut die Steine in sein Werk, Gebilde ein, das er gerade konstruiert, weil er feststellt, dass sie ihm dabei helfen, seinem Wirken eine Gestalt zu verleihen, es zu vergrößern oder auch zu verändern. Für den Schaffensprozess liegt allerdings weder für den Klienten noch für den Berater ein Bauplan vor. Sie stellen lediglich ihre persönlichen Strukturen und assoziativen Anschlüsse zur Verfügung, um ein Thema so zu bewegen, dass aus einer scheinbar ausweglosen Situation wieder Erlebens- und Handlungsoptionen möglich werden.

5 Das Hier und Jetzt zwischen dem Gestern und Morgen

»Die Zukunft beeinflusst die Gegenwart
ebenso sehr wie die Vergangenheit.«
(Friedrich Nietzsche)

In einer Beratung begegnet der Berater dem Klienten höchstwahrscheinlich in drei Zeitdimensionen, indem beide gemeinsam Bezüge zu dem früheren, gegenwärtigen oder zukünftigen Ich des Klienten herstellen. Die Zeitreisen erzeugen ein eigenes Zeiterleben, obwohl Erinnerungen und Zukunftsvisionen stets in der aktuellen Beratungskommunikation thematisiert werden. Denn jeder Ausflug in der Zeit spielt sich in der Gegenwart des Gesprächs ab. Dennoch vereinnahmen uns die vergangenen Episoden bzw. Zukunftsfantasien, die zum Gegenstand des Gesprächs werden, durch ihre Lebendigkeit. Die Zeitdimensionen scheinen einander zu überblenden. Aus dem *Hier und Jetzt* wird ein *Dort und Damals* oder ein *Drüben und Demnächst.*

Jede Zeitdimension bereichert das Beratungsgeschehen in unterschiedlicher Weise. Welche Schätze in ihnen verborgen liegen, wird in den folgenden Ausführungen näher beschrieben. Ausgangspunkt ist dabei eine konstruktivistische Perspektive auf die drei Zeitdimensionen. Diese Erkenntnisperspektive operiert mit der Annahme: Alles, was gesagt wird, wird von einem Beobachter gesagt (vgl. Maturana u. Varela, 1984). Klient und Berater gelten dementsprechend als Beobachter. Was jemand in den Fokus nimmt und zugleich abschattet, weil er es dem Umfeld zugehörig zuordnet, wie er mit welchen Sinneskanälen wahrnimmt und in welcher Verfasstheit er unterscheidet und bezeichnet, das alles stellen Facetten des Beobachtungsprozesses dar. Der narrative Ansatz (vgl. White u. Epston, 1994) formuliert diese erkenntnistheoretische Position wie folgt: Ein Mensch nimmt seine Realität niemals objektiv wahr. Das Wissen der Person beruht auf der Interpretation von Erfahrungen. Bei jedem Interpretationsvorgang wird einer Erfahrung eine Bedeutung zugeschrieben. Diese Bedeutung hängt von der Lebensgeschichte der Person ab.

In diesem Zusammenhang ist es plausibel, dass die noch nicht gelebte Zukunft eine mehr oder weniger realistische Fiktion darstellt, die von Lebenszielen, Erwartungen, Wünschen und Erfahrungen gespeist wird. Die Vergangenheit als eine Erfindung zu begreifen, löst hingegen ein Fragezeichen aus. Denn die Vergangenheit ist abgeschlossen und beendet. Einer Person erschließt sie sich über Erinnerungen, die aktiv aus dem Gedächtnis abgerufen und die sogar durch Fotos, Videos oder Tagebucheintragungen dokumentiert sind. Diese Quellen bestätigen scheinbar die erinnerte Vergangenheit. Was es bedeutet, im Zuge einer Biografiearbeit Erinnerungen kritisch unter die Lupe zu nehmen, reflektieren nachfolgende Überlegungen. Sie beschäftigen sich mit der Frage, inwieweit Erinnerungen an die eigene Vergangenheit »objektives« Archivmaterial bereitstellen.

Der Blick zurück

»Studiere die Vergangenheit,
wenn du die Zukunft bestimmen willst.«
(Konfuzius)

Eine Thematisierung der Vergangenheit bzw. biografischer Episoden respektiert die Anliegen gerade der Klienten, die eine Auseinandersetzung mit ihrer Lebensgeschichte zur Lösung ihrer Probleme erwarten bzw. einfordern. Der Blick zurück reflektiert das Geworden-Sein einer Person. Er bringt freudige, glückliche, traurige, dramatische oder auch belastende Geschehnisse hervor. In den Geschichten über ihre eigene Biografie bereiten Personen familiäre Konstellationen, Ereignisse, Zufälle, Begegnungen, Gewohnheiten und Muster auf, die sie beschäftigen, prägen und von denen sie annehmen, dass sie aussagekräftig für ihre Person sind. Sie verleihen dem Geworden-Sein einen *sinnstiftenden roten Faden.* Für gewöhnlich dienen sie dazu, eine Kontinuität in der Lebensgeschichte zu erzeugen. Die Lebensgeschichte wird zudem dafür herangezogen,

Erklärungen für zurückliegende Weichenstellungen oder auch Entwicklungen zu geben.

»Früher war alles besser« ist eine Aussage, die gelegentlich von älteren Menschen zu hören ist. Stellt man diese Aussage dem Wissen gegenüber, dass die Geschichte einer Familie zu zahlreichen Zeiten von persönlichen und politischen Krisen sowie Naturkatastrophen durchsetzt ist, liefert das einen Geschmack davon, dass die Beschäftigung mit lebensgeschichtlichen Ereignissen von der aktuellen subjektiven *Bewertung* des Beobachters abhängt. Der Psychiater Ben Furman (2019) hat die Neubewertung biografischer Erfahrungen aus einer ressourcenorientierten Perspektive studiert. Zurückliegende krisenhafte Ereignisse können aus der Jetzt-Perspektive als Geburtsstunde von Ressourcen interpretiert werden; nicht selten stellen diese Ressourcen für die aktuelle Lebensführung einen Grundpfeiler dar. Die Chance, schwierige Erfahrungen neu zu interpretieren, hat ihn zu dem Buchtitel bewogen: »Es ist nie zu spät, eine glückliche Kindheit zu haben« (Furman, 2019). Ähnliches wird angesteuert, wenn auf den Begriff der »Überlebensdiagnostik« Bezug genommen wird (Ludewig, 1992).

Neben dem Blick auf die Möglichkeiten, die eigene Lebensgeschichte als Erklärungsfolie zu nutzen oder lebensgeschichtliche Erfahrungen neu zu bewerten, lohnt sich der Blick auf die *Qualität der Erinnerungen* eines Menschen. Die Geschichten, die eine Person über sich erzählt, bereiten ihre Erfahrungen und Erlebnisse auf. Die Erzählungen bilden allerdings nicht die gesamte Bandbreite unserer gelebten Erfahrungen ab (vgl. Bruner, 1986). Eine gelebte Erfahrung ist reichhaltiger als ihre Darstellung in einer Erzählung; ein Teil der gelebten Gedanken, Gefühle, Verhaltensweisen und Ereignisse finden keinen Eingang in eine Erzählung. Bereits in der gelebten Erfahrung richtet sich die Aufmerksamkeit auf spezielle Aspekte des Geschehens, andere Aspekte bleiben ausgeklammert oder im Hintergrund. Ein Beispiel aus dem Alltag: Hat sich ein Paar dazu entschieden, eine Familie zu gründen, geraten in der Folgezeit vermutlich Kinderwagen und deren Ausstattung in die Aufmerksamkeit des Paares, andere Aspekte, z. B. Skateboards, geraten hingegen aus dem Blick. Die Entscheidung für Nachwuchs verändert den Wahrnehmungshorizont. Ebenfalls ist es bedeutsam, wer aus welcher Perspektive über ein Ereignis erzählt:

Unterhalten sich Geschwister über Episoden aus der gemeinsamen Geschichte ihrer Herkunftsfamilie, dann unterscheiden sich die Erzählungen nicht selten deutlich voneinander. Die gleiche Szene wird je nach Familienmitglied, Position in der Geschwisterkonstellation, (emotionaler) Bewertung des Geschehens und Erinnerungsleistung unterschiedlich berichtet. Hinzu kommt: Die Narrative über das eigene Leben verändern sich im Laufe der Zeit. Nicht zuletzt deshalb, weil Menschen älter werden und mehr Erfahrungen verarbeiten, weil sie Geschehnisse aus der Retrospektive neu bewerten und weil sie ihr Selbstbild erweitern. Im Zusammenhang mit einer schmerzvollen Erfahrung (z. B. Trennung, Verlust) ist es aufschlussreich, dem Klienten folgende Fragen zu stellen: »Was haben Sie damals erlebt, gedacht und gefühlt?«, »Wie denken Sie heute darüber nach?«, »Was erleben und was fühlen Sie heute?«, »Wie erklären Sie sich den Unterschied?«, »Welche Ihrer Eigenschaften bzw. Fähigkeiten haben Ihnen geholfen, diese Veränderungen herzustellen?«

Psychologisch interessant sind die Erfindungen, an die Menschen selbst glauben. In der Gedächtnisforschung gelten sie als Normalfall. Erinnerung wird als eine Mischung aus Kreation und Reproduktion verstanden. Michael Ross und Roger Buehler (1994) bezeichnen dieses Phänomen als »creative remembering«. Elizabeth Loftus (1979) zeigte in einer ihrer Studien Versuchspersonen einen Film, in dem ein Auffahrunfall zu sehen war. Hinterher sollten die Versuchspersonen eine Reihe von Fragen beantworten, z. B. ob sie Glassplitter gesehen hätten. Viele Versuchspersonen hatten Splitter gesehen. Diese gab es jedoch im Film nicht. Die Versuchspersonen versahen ihre Erinnerung mit subjektiv stimmigen Details. Denn es ist nicht ungewöhnlich, dass bei einem Auffahrunfall Glas splittert, zumal an vielen Stellen Glas in der Karosserie verbaut wird.

Wolf Singer (2002) zeigt auf, dass abgerufene Erinnerungen, die erzählt werden, beim Abspeichern weitestgehend wie eine neue Wahrnehmung behandelt werden. Die Authentizität von Erinnerungen steht damit infrage. Falls Erinnern mit Neueinschreiben zusammenhängt, kann es sein, dass bei dem erneuten Konsolidierungsprozess auch der Kontext, in dem das Erinnern geschah, mitgeschrieben und mit der ursprünglichen Erinnerung verbunden wird. Es liegt dann nahe anzunehmen, dass die alte Erinnerung dabei in neue Zusammenhänge eingefügt und somit aktiv modifiziert wird. Trifft diese Interpretation zu, dann geht Erinnern stets mit einer Auffrischung der Perspektive einher, aus der die erinnerten Inhalte wahrgenommen werden. Die ursprüngliche Perspektive wird überformt und durch die weiteren situativen Erfahrungen, die beim wiederholten Erzählen entstanden sind, verändert. Die Mechanismen der Erinnerung sind offenbar nicht dafür geschaffen, ein annähernd getreues Abbild der wahrgenommenen Wirklichkeit zu liefern und dies annähernd authentisch erinnerbar zu speichern.

Die Komplexität einer Gesamtsituation wird durch Beobachtungen, Erinnerungen und Versprachlichungen reduziert. In der Erinnerung steht nur ein Bruchteil der möglichen Beobachtungen zur Verfügung. Für Beratende bietet dies die Möglichkeit, dieses Potenzial zu erkunden: »Was ist noch passiert?«, »Wenn ich einen anderen Beobachter fragen würde, was würde der über die Szene berichten?«

Eine weitere bedenkenswerte Beobachtung ist: Je nachdem, wem die Erinnerung erzählt wird, erfährt die Geschichte eine etwas andere Färbung, etwa weil der Themenschwerpunkt anders gesetzt oder ein bestimmtes Erlebnis ausgelassen wird. Beispielsweise lässt die erzählende Person die aggressiven Äußerungen weg, die sie gesagt hat, weil sie weiß, dass ihr Zuhörer sie verurteilt. Die Geschichte verändert sich auch, weil der Zuhörer bestimmte Aspekte besonders befragt oder kommentiert. Die Fragen des Zuhörers laden zu einem anderen Fokus und zu einer Mehrperspektivität ein. Narrative Ansätze haben hierfür den Begriff der Co-Autorenschaft geprägt. Damit ist gemeint, dass der Berater durch sein kommunikatives Handeln (u. a. Fragen stellen, paraphrasieren, verbalisieren, Zusammenfassungen vornehmen) den Charakter und Verlauf der Erzählung beeinflusst.

Menschen korrigieren unwillkürlich ihre Erinnerung auf der Grundlage von Informationen, die sie nach einem Ereignis erhalten. Es kann sein, dass sie sich an ein bestimmtes Ereignis zu verschiedenen Zeitpunkten auf jeweils unterschiedlicher Informationsbasis immer wieder anders erinnern, nicht zuletzt, weil sie mehrfach relevante Zusatzinformationen erhalten können. In einer Untersuchung (vgl. Hell, Gigerenzer, Gauggel, Mall u. Müller, 1988) werden Versuchspersonen gebeten, die Höhe des Eiffelturms zu schätzen. Bei einem zweiten Termin, etwa zwei Wochen später, werden die Versuchspersonen zunächst über die wahre Höhe des Eiffelturms (330 Meter) in Kenntnis gesetzt und dann nach ihrer Einschätzung von zwei Wochen vorher gefragt. Das typische Ergebnis ist: Der erinnerte Schätzwert liegt in den meisten Fällen zwischen dem tatsächlichen Schätzwert und dem inzwischen bekannten wahren Wert. Hat eine Person ursprünglich die Höhe des Eiffelturms auf 270 Meter eingeschätzt, verändert sie bei einer späteren Befragung den Wert aus ihrer ersten Einschätzung auf 300 Meter. Die Erinnerung wird also auf der Grundlage der nachträglich erhaltenen Information einer Korrektur unterzogen.

Elizabeth Loftus (1979) veranschaulicht mit ihren Untersuchungen, wie unspektakulär und zugleich wirksam es möglich ist, Erinnerungen zu implantieren. Sie zeigt auf, dass Personen eine erfundene Episode aus ihrem Leben, die ihnen plausibel dargeboten wird, für wahr halten und anderen Personen die erfundene Geschichte so erzählen, als wäre sie ein tatsächliches Erlebnis. Erinnerungen werden also durch Zusatzinformationen, die Personen im Anschluss an ein Geschehnis erhalten, sowie durch Unterstellungen und Fehldarstellungen verändert. Solche Erinnerungen unterscheiden sich nicht von anderen Erinnerungen im Hinblick auf Lebendigkeit und Detailreichtum; auch nicht in der subjektiven Gewissheit der Person (vgl. Loftus, 1979).

Konfuzius wird der Satz zugeschrieben: »Studiere die Vergangenheit, wenn du die Zukunft bestimmen willst.« Der Blick zurück weckt Geschichten, die Erklärungen und Bewertungen, Gewohnheiten und Muster aufzeigen, die für die Person bedeutsam sind. Man könnte sagen: Die Geschichten umreißen das Material, mit dem die Zukunft geschaffen werden kann. Der Zusammenhang zwischen Vergangenheit und Zukunft scheint auch dann noch zuzutreffen, wenn Lebensgeschichten eine Mischung aus Rekonstruktion und Erfindung darstellen. Wie anders kann sich eine ungewisse Zukunft entwickeln, wenn die Vergangenheit einer Person als eine Quelle für Ressourcen, für Neudeutungen und für alternative Erklärungen, die sich aus einer konstruktiven Co-Autorenschaft ergeben, gesehen wird.

Die Arbeit mit dem *Genogramm* (McGoldrick u. Gerson, 1990) stellt methodisch einen nützlichen wie anschaulichen Weg dar, Erzählungen über eine Person und ihre familiären Verhältnisse kennenzulernen. Ein Genogramm ist eine grafische Darstellung eines Familienstammbaums, der zahlreiche Informationen über die Mitglieder einer Familie und ihre Beziehungen zueinander über (in der Regel) drei Generationen hinweg enthält. Eine solche Darstellung erlaubt einen raschen Überblick über komplexe Familienstrukturen und bildet eine gute Grundlage, um Fragen im Rahmen der Anliegen- und Auftragsklärung zu entwickeln. Im Zentrum der Arbeit mit dem Genogramm stehen die Geschichten und Bedeutungszuschreibungen, die der Klient zu den Daten aus dem Genogramm schildert. Diese Geschichten liefern das Material für ein anderes Selbstverständnis in der Gegenwart und offenbaren Ressourcen.

Darüber hinaus kann ein Genogramm dazu beitragen, transgenerative Botschaften, Aufträge und Muster zu erkunden bzw. zu identifizieren (vgl. Simon, Clement u. Stierlin, 1999, S. 214). Beobachtbare Interaktionsmuster (in der Beratung mit Familien und im Einzelsetting) werden auf die Herkunftsfamilie der Eltern und Großelterngeneration bezogen. Ausgangspunkt dabei ist die Annahme, dass bestimmte Systemregeln und Wertvorstellungen sich über Generationen hinweg herausgebildet haben. Diese können in Konflikte und Überforderungen münden und zur Symptombildung beitragen. Symptome werden entsprechend als Ausdruck und Folge noch nicht bewältigter Konflikte verstanden, die transgenerativ weitergereicht wurden und werden. Die aktuelle Lebenssituation weist Ähnlichkeiten zu früheren Situationen aus der Familiengeschichte auf. Stark belastende Erlebnisse führen zu emotionalen Schwierigkeiten der Betroffenen und damit verbunden ihrer Familien, die in der Regel generationsübergreifend transportiert werden (vgl. Neuburger, 2007). Die Ängstlichkeit, an der eine Person leidet, kann aus der Generation der Eltern bzw. Großeltern stammen, die mit den Schrecken eines Krieges konfrontiert waren. Einen weiteren Ansatzpunkt in der Arbeit mit dem Genogramm bietet der transgenerative Umgang mit Werten und deren Bedeutung für das eigene Leben. »Bei welchen Werten habe ich einen Loyalitätsvertrag abgeschlossen, den ich erneuern will? Bei welchen Werten will und werde ich diesen Vertrag kündigen?«

Die Vergangenheit kann im Kontext einer Beratung in unterschiedlicher Weise in den Blick genommen werden:

- Sie liefert Erklärungen und Sinnzusammenhänge beispielsweise für unser Selbst, unser Geworden-Sein, unsere Ausstattung als Person, unsere Verletzlichkeit, unsere Bedürfnisse und unsere Fertigkeiten.
- Sie stellt eine Sammlung dar, die zahlreiche Geschichten bereithält, Geschichten des Triumphs, Geschichten des Scheiterns, Geschichten des Leids und Geschichten des Alltags, der Zugehörigkeit zu Gruppen und des Ausgeschlossenseins aus ihnen.
- Je nachdem, welches Suchkriterium wir bei der Beschäftigung mit unserer Biografie wählen, entpuppt sie sich als ein Fundus, in dem Ressourcen, Träume und Lebensziele schlummern.

Ferner dient die Beschäftigung mit der eigenen Vergangenheit über das Abrufen von Erinnerungen hinaus auch dazu, sich Ereignisse vorzustellen, die einen anderen Verlauf der Lebensgeschichte denk- und fühlbar machen. Das Imaginieren idealer Personen, die in kritischen Zeiten Beistand leisten, z. B. Bedürfnissen nach Schutz und Unterstützung entsprechen, ermöglicht einen versöhnlichen Blick auf die eigene Lebensgeschichte. Die imaginierte Person fungiert als externe Ressource, die Lebensthemen in ein anderes Licht bringt. Hierin zeigt sich die Vergangenheit ebenso als Gestaltungsraum für neue, konstruktivere Erfahrungen.

Der Blick nach vorn

»Die Zukunft ist das Land, das niemandem gehört.«
(Furman u. Ahola, 2001).

Der Buchtitel von Furman und Ahola (2001) »Die Zukunft ist das Land, das niemandem gehört« betont den Möglichkeitsraum, den die Zukunft als frei gestaltbare Zeit darstellt. Sie erlaubt Vorstellungen darüber, wie es sein könnte, wenn Probleme überwunden sowie andere Handlungsspielräume und -weisen genutzt werden.

Zum Beratungsinstrumentarium des lösungsfokussierten Ansatzes zählt die sogenannte Wunderfrage (vgl. de Shazer u. Dolan, 2008). Sie lautet sinngemäß: »Stellen Sie sich vor, Sie gehen heute Abend schlafen – erledigen die Dinge, die Sie vorher üblicherweise erledigen –, schlafen dann tief, fest und traumlos. Und plötzlich geschieht ein Wunder – einfach so – und Ihr Problem, das Sie in diese Beratung geführt hat, ist verschwunden. Sie schlafen weiterhin tief, fest und traumlos, wachen am anderen Morgen auf und das Wunder ist passiert. Was ist dann anders? Wer aus Ihrer Umgebung merkt zuerst, dass es geschehen ist?« Die Wunderfrage stellt ein Instrument dar, das dazu anregt, konstruktive Vorstellungen über eine problemfreie Zukunft herzustellen. Dafür ist es erforderlich, dass sich der Berater ausführlich für die positive Zukunftsfantasie des Klienten interessiert und entsprechend zahlreiche konkretisierende Nachfragen stellt.

Die Idee der Zukunftsorientierung erschließt sich auch über folgende Fragen: »Stellen Sie sich vor, Ihr Problem, von dem Sie gerade berichten, ist verschwunden. Was ist dann anders in Ihrem Leben?« Oder: »Mal angenommen, unser Gespräch verläuft nützlich für Sie – was ist dann am Gesprächsende anders für Sie?«, »Wenn Sie sich mit diesem Thema nicht mehr beschäftigen werden, welchen anderen Themen in Ihrem Leben werden Sie sich dann zuwenden?«

Zukunftsvisionen öffnen dem Klienten ein Tor zu eigenen Wünschen bzw. Zieloptionen, die sich aus den Vorstellungen darüber ergeben, wie es ist, wenn es besser ist. Aus den Zieloptionen lassen sich *Zielintentionen* ableiten, die dem Klienten in seiner aktuellen Lage einen Kompass für seine Lebensbewältigung zur Verfügung stellen. Im Zuge des Interviews über die problemfreie Zeit in der Zukunft wird der Klient Ziele entdecken, die daraufhin untersucht werden können, welche davon in der Beratung weiterverfolgt werden sollen. Anschließend ist es empfehlenswert, zu den Zielvorstellungen Referenzerfahrungen aus der Vergangenheit zu suchen, in denen das Ziel bereits ansatzweise realisiert worden ist. Diese Phase des Gesprächs leitet eine Ressourcenorientierung und -aktivierung ein. Hierbei ist es nützlich, das behandelte Beratungsthema, die neu gewonnenen Perspektiven und ersten Lösungsschritte in den Alltag des Klienten zu übertragen. »Was wird für Sie morgen der erste Schritt sein, den Sie in die gewünschte Richtung gehen?«, »Wer wird es als Erster bemerken?« Der Übertrag gelingt für gewöhnlich nicht automatisch, da sich die Kontextbedingungen in der Beratung von den Kontextbedingungen in der Familie und im Beruf unterscheiden.

Vorstellungen über eine Zukunft, in der die Dinge besser laufen, sind mit weiteren Wirkungen verbunden. Eine davon ist, dass im

Klienten die *Zuversicht* aufkeimen kann, dass er sich auf eine Zukunft hinbewegt, die er erreichen kann. Diese Zuversicht wird verstärkt, wenn in der Beratung die Ziel- und Zukunftsorientierung mit einer Ressourcenaktivierung kombiniert wird. Wirken Zielvorstellungen groß und nicht realisierbar, kann der Berater diesen Beschreibungen mit dem Hinweis begegnen: »Das wäre das große Wunder. Was ist das kleine Wunder?« Die Machbarkeit und Wünschbarkeit einer Zielvorstellung stellen relevante Komponenten dafür dar, dass eine Absicht – ein Ziel, das verfolgt werden soll – in die Tat umgesetzt wird. Zugleich ist ausschlaggebend, wie zuversichtlich der Berater auf die Visionen des Klienten reagiert. Eine gegenseitige Ansteckung mit Zuversicht trägt dann dazu bei, dass der Klient *Veränderungsmotivation* entwickelt. Nicht zuletzt spielt eine weitere Rolle die *positive Stimmung*. Sie entsteht, wenn Vorstellungen näher betrachtet werden, wie es ist, wenn ein benanntes Problem nicht mehr vorhanden ist. Die positive Stimmung fördert zudem, dass andere – nicht problembezogene – Assoziationen gebahnt werden. »Was, das Sie von sich kennen, macht Ihnen Zuversicht und Mut, dass das Anvisierte gelingen kann?« Statt das Haar in der Suppe zu finden, schaut der Klient weit über den Tellerrand hinaus.

Über den Blick nach vorn können auch Entscheidungsprozesse fundiert werden. Angeregt durch eine Schilderung von Gunther Schmidt erscheint es hilfreich, sich im Angesicht von wichtigen Entscheidungen für den eigenen Lebensvollzug vorzustellen, man sei alt und resümiere mit Blick auf das bevorstehende Lebensende das eigene gelebte Leben. Mit Blick auf Entscheidungsprozesse ergeben sich drei Vorstellungen. Die erste ist: »Ich habe mich für das (riskante) Projekt entschieden und es ist gelungen. Wie geht es mir dann?« Die zweite Vorstellung lautet: »Ich habe mich für das (riskante) Projekt entschieden und ich bin gescheitert. Wie geht es mir in diesem Fall?« Schließlich geht es um die Vorstellung: »Ich habe mich gegen das (riskante) Projekt entschieden. Wie geht es mir dann?« Das Erleben bzw. Bauchgefühl (oder der somatische Marker) bei diesen Vorstellungen liefert eine Orientierung dafür, welche Entscheidung getroffen werden kann. Gewählt werden kann der Entscheidungszweig, der am stärksten mit der eigenen Person und den eigenen Bedürfnissen korrespondiert.

Eine verwandte Idee verfolgen Methoden in der Beratung, die das Futur II in die Anliegenentwicklung einbeziehen. Dazu zählt etwa das Lebensflussmodell. Es stellt ebenfalls eine lösungsfokussierte Methode dar, die auf Peter Nemetschek zurückgeht. Astrid Keweloh (2018) hat sich intensiv mit dieser Methode auseinandergesetzt und beschreibt sie in ihrem Buch »Einführung in das Lebensflussmodell« anschaulich wie variantenreich. Einsetzbar ist diese Methode in vielfältiger Weise, unter anderem für die Reflexion von Übergangsprozessen und für die Bewältigung von aktuellen Krisen. Jedem Prozess wird ausreichend Raum und Zeit gewährt. Die Grundvariante zeigt anschaulich auf, wie nützlich die Zeitdimension Zukunft für einen Beratungsprozess eingesetzt werden kann. Mit einem Seil wird auf dem Boden eine Lebenslinie gelegt. Auf der Linie werden die Zeitdimensionen Vergangenheit, Gegenwart und Zukunft voneinander abgegrenzt. Das Seil kann ein gesamtes Leben abbilden, aber auch einzelne Episoden oder Beratungsprozesse reflektieren.

Zusätzlich werden drei Positionen etabliert. Das ist die Position »Jetzt«, die Position »Geschafft« und die Position »Futur II«. Der erste Zeitpunkt ist das »Jetzt«. Er wird im Hinblick auf das gerade virulente Thema hin exploriert. Ist das »Jetzt« mit viel Aufregung verbunden, kann ein Zeitpunkt »vor dem Beginn« der problematischen Zeit gelegt werden. Im zweiten Schritt wird das »Geschafft« auf dem Seil im Raum markiert. Es liegt in der nahen Zukunft. Die Krise, das problematische Thema ist gelöst und verwunden. Auch an diesem Ort wird erkundet, was die Veränderungen ausmacht. Das Futur II liegt per definitionem weit in der Zukunft. Der Klient wird dabei unterstützt, sich vorzustellen, er sei zwanzig bis dreißig Jahre älter. Aus dieser Perspektive überblickt er seinen bisherigen Lebensfluss, zu dem auch die aktuelle schwierige Zeit gehört. Er wird als Person mit viel Lebenserfahrung und Weisheit gebeten, dem jüngeren Ich eine Botschaft aus der Zukunft in die Gegenwart zu schicken. Ein Bild dazu könnte sein, dass die Botschaft per Rohrpost verschickt wird. Ist die Botschaft formuliert und abgeschickt, begibt sich der Klient erneut auf die Position »Jetzt«. Bereichert durch die Mitteilung seines älteren Ichs schaut der Klient nun auf die bevorstehende Zeit und prüft, wie diese Mitteilung ihm dabei behilflich ist, die Probleme anzugehen.

Die Positionen regen einen Perspektivwechsel an. Denkbar ist auch das Einnehmen einer Metaposition, von der aus die Lebenslinie überblickt werden kann. Gefördert wird die Multiperspektivität zusätzlich dadurch, dass eine solche Lebenslinie abgeschritten werden kann und auf diese Weise sinnliche Erfahrungen anstößt. Das Erleben auf der jeweiligen Position wird erkundet, indem die Position mit allen Sinnen erfahren wird. Das können vorwiegend Gedanken, Gefühle, Körperempfindungen, das innere Raumerleben, der Atem, Bilder und die Motivation sein. Für die »Jetzt«-Position ist es auch möglich und sinnvoll, Ressourcen zu finden, die hilfreich bei der Bewältigung der Krise sein können.

Das »biografische Team« als Methode (Heidbreder, persönliche Mitteilung) wird mithilfe des Familienbretts (vgl. Ludewig u. Wilken, 2000) realisiert. Unter Berücksichtigung seines aktuellen Anliegens wird der Klient gebeten, sich mit einer Figur A in seinem jetzigen Alter (z. B. 45 Jahre alt) aufzustellen und dafür einen Ort auf dem Familienbrett zu finden. Im nächsten Schritt stellt der Klient eine Figur B für sich auf, die ihn zehn Jahren jünger symbolisiert, und dann eine Figur C, die ihn zwanzig Jahre jünger darstellt. Eine Figur D repräsentiert den Klienten als angehenden Jugendlichen im Alter von zwölf Jahren. Angefangen mit Figur B werden die spontanen Erinnerungen zu dem jeweiligen Lebensalter erfragt: »Welche Stärken?«, »Welche Sehnsüchte?«, »Welche Zweifel?«. Diese Fragen unterstützen den Klienten dabei, sich in den jeweiligen Lebensabschnitt hinzuversetzen. Schließlich wird er eingeladen, sich mit der Frage zu beschäftigen, welche Empfehlung dieser biografische Anteil ihm zu seiner aktuellen Fragestellung gibt. Danach erfolgt in ähnlicher Weise ein Interview aus der Perspektive der Figur C und der Figur D. Im Sinne einer Bilanz werden die Erinnerungen daraufhin untersucht, wie nützlich diese Empfehlungen für die Auseinandersetzung mit dem aktuellen Anliegen sind. In der Regel sind die Klienten darüber erstaunt, welche klugen und passenden Gedanken ihnen kommen. Im letzten Schritt wird eine weitere Figur (Figur E) etabliert. Sie bildet den Klienten in der Zukunft – fünf Jahre älter – ab, wenn alles im Hinblick auf das formulierte Anliegen gut gelaufen ist. Auch für die Figur E können Stärken, Sehnsüchte und Zweifel bedacht werden, um sich mit der Vorstellung seines älteren Ichs zu verbinden. Über die Identifikation mit dieser Figur wird ebenfalls eine Empfehlung genannt. Das biografische Team initiiert einen wohlwollenden Dialog mit eigenen inneren Anteilen, um Anregungen für ein Anliegen zu entwickeln.

Die Zukunft als Zeitdimension offeriert verschiedene Einsatzmöglichkeiten:
- Der Blick in eine problemfreie Zukunft erlaubt eine Zäsur weg vom Problem hin zu Zielvorstellungen. Die Zukunftsorientierung bringt einen Zielfindungsprozess in Gang.
- Die Ziel- und Zukunftsorientierung beeinflusst positiv die Stimmung, die Motivation und die Zuversicht.
- Mithilfe des Futurs II wird die Vorstellung einer weisen Variante des eigenen Ichs etabliert, das bereits zahlreiche Erfahrungen reflektiert sowie mehrere Krisen überwunden hat. Aus dieser Perspektive können neue Impulse für die Bearbeitung der aktuellen Probleme gefunden werden. Es eignet sich bei Entscheidungsprozessen und bei der Suche nach Orientierung.
- In der Vergangenheit erlebte Ressourcen, die auf ein Gelingen hindeuten, können die Zuversicht und Selbstwirksamkeit des Klienten in die Zukunft hinein fördern.

Das Hier und Jetzt

Die Beschäftigung mit Erinnerungen bzw. Vorstellungen veranstaltet das Gehirn auf der Bühne der *Gegenwart.* Ein Beispiel: Eine Beratung, die sprachlich konsequent im Konjunktiv geführt wird, wählt als Referenz die nahe Zukunft: »Wo in Ihrem Körper würden Sie es spüren, wenn sich der Zustand für Sie verbessert hätte?« Diese Form der Imagination regt zu Vorstellungen an, wo und wie der Klient körperlich die Veränderung spürt. Obwohl das Gespräch offensichtlich in der Zukunft angesiedelt ist, wirkt es in der Gegenwart.

Auf das Erleben in der Unmittelbarkeit des Raumes, der Kommunikationen und der Jetzt-Zeit einer Beratung konzentriert sich das *Hier-und-Jetzt-Prinzip,* es stellt eine wirksame Quelle für das Beratungshandeln dar (vgl. Yalom, 2010). Vergangenheit und Zukunft spielen weiterhin eine wichtige Rolle im Beratungsgeschehen;

sie sind dann existenziell erfahrbar und bedeutsam, wenn sie in der Beratung vergegenwärtigt werden. Die Effizienz, die diesem Prinzip zugeschrieben wird, gründet auf zwei Bedingungen: Wir sind zum einen soziale Wesen und auf interpsychische Beziehungen angewiesen (vgl. auch Bauer, 2019). Zum anderen kann die Beratung als eine soziale Kleinstwelt konzipiert werden, in der sich Phänomene aus anderen sozialen Welten widerspiegeln (vgl. Yalom, 2010). Darin können Prozesse der kommunikativen (leidvollen wie stabilen) Muster reflektiert werden sowie Anregungen für ein stimmiges Selbstverhältnis gegeben werden. Das gelingt in einer systemischen Beratung, weil sie auf der Folie einer Anliegenentwicklung, einer Prozessorientierung und der Beobachtung der Kommunikationen aus der Vogelperspektive Reflexionen des Klienten anstößt, die seine Selbstorganisation fördern. Das Verständnis, dass sich charakteristische Ausstattungsmerkmale des Klienten in aktuellen Kommunikationen zeigen, lädt den Berater zu einer wachen Aufmerksamkeit ein. Sind sie relevant im Sinne seines Anliegens, empfiehlt es sich, sie zum Thema zu machen, wenn darin Ressourcen und Gestaltungsmöglichkeiten erkennbar sind.

Die Arbeit im Hier und Jetzt macht es möglich, Entsprechungen zu den Anliegen im aktuellen Beratungsgeschehen zu finden. Das trägt dazu bei, das Anliegen und dessen Entwicklung präzise anzugehen (vgl. auch Yalom, 2010, S. 68). Zu einem solchen Verständnis gehört dazu, bei Bedarf die eigenen Resonanzen und Interaktionserfahrungen als respektvolles Feedback sich (gegenseitig) zur Verfügung zu stellen. Den Prozess der Kommunikation und die Entsprechungen in den psychischen Systemen gelegentlich zum Gegenstand zu machen, vermag Berater und Klienten zu vitalisieren.

Das Hier und Jetzt benötigt also eine *Haltung der Gegenwärtigkeit,* um sich auf das Erleben in der Gegenwart zu fokussieren. Die Gegenwärtigkeit des Beraters umfasst, dass er in *Resonanz* zum Klienten geht (vgl. auch Tschacher u. Ramseyer, 2017), sei es bei der Begrüßung oder dem Abschied, beim Platznehmen oder Aufstehen, beim Gesprächsbeginn oder -ende, bei der Weise, die eigenen Anliegen zu thematisieren. Die Bereitschaft zur Resonanz bedarf der Achtsamkeit für den Augenblick, hauptsächlich für die flüchtigen körperlichen Regungen des Klienten. Gegenwärtigkeit ist mehr als Achtsamkeit, weil sie das Tor zu Resonanzräumen öffnet, in der sich Beratung in ihrer intensivsten Form entfalten kann, indem sich das Beratungsgeschehen zu einem Ereignis verdichtet. Die Präsenz des Beraters liefert einen Schlüssel für das Entstehen von Ereigniserfahrungen, ist aber nicht mit dem Ereignis als solchem zu verwechseln.

Gegenwärtigkeit schließt Narrative über die Vergangenheit und Zukunft ein. Wenn unser Gehirn nur in der Gegenwart prozessiert, dann ist die Gegenwart der Zeitbereich, in dem diese Zeitdimensionen reflektiert werden. Dabei werden *Körperreaktionen* auftauchen, oft nur flüchtig, die, wenn sie in Sprache gebracht werden, das Selbstverhältnis der Klienten bereichern. Der Einbezug von Körperprozessen lädt dann zu Zeitreisen ein, die im Hier und Jetzt thematisiert werden. Die Gegenwärtigkeit stellt somit einen Weg dar, affektive Brücken zu biografischen Erfahrungen zu bauen, wenn der Kontext bei der Reflexion aktiv bedacht wird. In der Hypnosetherapie wird in diesem Zusammenhang von Affektbrücken gesprochen.

Zudem zeigt sich Gegenwärtigkeit des Beraters im empathischen Mitschwingen, im Sich-Einlassen auf das Unerwartete, im Zulassen von Unsicherheit und Ungewissheit. Sie benötigt das Zusammenspiel mit *Reflexivität.* Denn Reflexivität ermöglicht *Musterunterbrechungen,* beispielsweise über ein Containing. Verstanden als eine Kontrolle der Gegenübertragung lädt es zu veränderten Resonanzen bei den Gesprächspartnern ein, die den möglicherweise aufgebauten Widerstand des Klienten als Abwehr- wie Sicherungsstrategie gegen bedrohliche Veränderungen unwichtig machen. In der Gegenwärtigkeit, die zugleich einer tragfähigen Beziehung als Fundament dient, können im Rahmen einer Metastabilität Instabilitäten zugelassen werden (vgl. Loth u. von Schlippe, 2004). Die Musterunterbrechungen provozieren Erfahrungen. Sinnvoll ist es darüber hinaus, wenn sich zur Gegenwärtigkeit Zuversicht gesellt. Eine aktive Zuversicht des Beraters, die sich nicht von den Problemtrancen des Klienten erschüttern lässt, begünstigt das Erleben eines resonanten Raumes, in dem gegenwartsbezogene Momente, neue und nicht durch alte Erlebnismuster getrübte Ereignisse geschehen.

Die Gegenwärtigkeit des Beraters stellt eine notwendige Bedingung dafür dar, dass *gegenwartsbezogene Momente* aufkommen können. Ein gegenwartsbezogener Moment (vgl. Stern, 2005) wird dementsprechend im Jetzt erlebt und erst nachzeitig bewusst. Vergleichbar ist er mit einem bisher unbekannten oder übersehenen Raum, der geöffnet wird. Ein gegenwartsbezogener Moment kann als Zustand gedacht werden, in dem etwas Neues, bisher nicht Wahrgenommenes entdeckt wird. In einem solchen Ereignis werden ein tiefes Neuverstehen und eine berührende innere Resonanz zu einem »Auch-Erlebbaren« möglich.

Unter einem gegenwartsbezogenen Moment kann man den Augenblick fassen, in dem zwischen den Anwesenden in einer Kommunikation ein gemeinsames Driften aufkommt, das eine intensive Begegnung ermöglicht, deren wesentliches Merkmal die Synchronizität der jeweiligen Erlebensweisen darstellt. Jedes einzelne an der Kommunikation beteiligte psychische System erlebt den gegenwartsbezogenen Moment als Flow. Ihre Reaktionen sind füreinander passförmig. Das Flow-Erleben der Kommunikationspartner spiegelt sich auch in der Kommunikation, im sozialen System, wider. Abstimmungsprozesse wirken wie ein gut geöltes Getriebe mit Zahnrädern, die geschmeidig ineinandergreifen. Denn die Mitteilungen, die die an der Kommunikation beteiligten Personen vornehmen, schließen stimmig aneinander an. Das Ereignis, der gegenwartsbezogene Moment, pulst in synchronisierter Rekursivität. Im Hinblick auf die Kommunikationspartner könnte man sagen, dass sie die Ewigkeit des Augenblicks erleben.

Von außen könnte man es beispielsweise an den leuchtenden Augen oder an dem synchronisierten Körpertanz der Gesprächspartner festmachen. Ein Beobachter der Kommunikation nimmt einen anregenden und intensiven Austausch wahr, erfährt sich aber nicht als Mitbeteiligter des Ereignisses. Hinzu kommt: In dem Moment, in dem auf das Geschehen aus einer Perspektive der Beobachtung 2. Ordnung geschaut wird, verschwindet es.

Beim Musizieren ereignen sich gegenwartsbezogene Momente, wenn die jeweiligen Musiker sich ohne Absprache im Tempo, in der Lautstärke und in der Rhythmik synchronisieren und ein vitales wie berührendes Klangbild gemeinsam erzeugen. In diesen Momenten erlaubt das Klangbild ebenfalls ein Mitschwingen des Zuhörers; er vermag in die Welt der Töne einzutauchen und sich von ihr emotional mitnehmen zu lassen. Man könnte in unserem Sinne von musikalischen gegenwartsbezogenen Momenten sprechen.

Gegenwartsbezogene Momente geschehen ebenfalls in der Beratungskommunikation. Ein solcher Moment wird vermutlich nur von kurzer Dauer sein. Die Dauer spielt jedoch eine untergeordnete Rolle. Entscheidend ist, dass in der hoch resonanten Begegnung sich das Potenzial für den Klienten freisetzt, das eigene Selbstverhältnis aus einer anderen Perspektive auszuloten. Dieses Potenzial entsteht im sozialen System, in den Kommunikationen während des gegenwartsbezogenen Moments. Im psychischen System des Klienten zeigen sich zugleich Selbstorganisationsprozesse, die zu anderen Beziehungen im Selbst führen. Die Chance im gegenwartsbezogenen Moment liegt darin, dass der Klient versöhnlicher, achtsamer und friedvoller mit den eigenen Facetten des sogenannten Selbst umgeht.

In diesen Momenten entsteht eine Verbundenheit, die ihren Widerhall im sozialen wie psychischen System findet. Diese Korrespondenz in diesen Systemtypen verhilft dem Klienten zu einem veränderten Selbstverhältnis, das ihm wiederum neue Perspektiven und Handlungsmöglichkeiten eröffnet. Wohltuende Beziehungserfahrungen können aufkeimen, die zurückliegende, schmerzhafte Erfahrungen relativieren. Ein solcher Augenblick kann als Geburtsort für neue Erfahrungen verstanden werden. Der gegenwartsbezogene Moment wird möglich, weil eine Metastabilität für die Beratung besteht, eine tragfähige Beziehung, die Überraschungen und Irritationen möglich macht und zugleich auffängt, da sie durch die grundlegend anerkennende Haltung des Beraters Mut weckt, auch bedrohliche und verunsichernde Aspekte des Lebens zu betrachten.

Ein gegenwartsbezogener Moment lässt sich in der Regel nicht gewollt herstellen. Er ereignet sich und ist nicht intendierbar. Was es braucht – wie gesagt –, ist eine Gegenwärtigkeit des Beraters. Sein Interesse für die Person und die Sache, seine Achtsamkeit und seine Wachheit bilden die Voraussetzung dafür, das Aufscheinen eines gegenwartsbezogenen Moments zu ermöglichen. Als weitere begünstigende Bedingung sehen wir die Orientierung an der Sprache des Klienten. Sie stellt den Schlüssel für das Anstoßen von Selbstorganisationsprozessen dar. Damit ist sowohl das Zitieren der Sprache, das Eingehen auf Sprachbilder als auch das Versprachlichen wie Thematisieren von Körperregungen gemeint. Über die Sprache des Klienten werden Tore zu einem konstruktiven Selbstverhältnis aufgestoßen.

Fallskizze. Der Klient spricht davon, dass er sich als ängstlichen Jugendlichen erlebt habe und seine Unsicherheiten im beruflichen Kontext damit in Zusammenhang stünden. Er sei schüchtern gewesen. Beim Zuhören wirkt es so, als habe er ein weiteres Synonym für seine Ängstlichkeit genannt. Der Berater greift das Wort »schüchtern« auf und fragt: »Wer oder was hat Sie eingeschüchtert, sodass Sie schüchtern waren?« Nach einem kurzen Augenblick des Nachdenkens teilt der Klient mit, dass ihn sein Vater eingeschüchtert habe. Dabei wirkt er überrascht und äußert, dass er seine Unsicherheit bisher vorrangig als seine persönliche Ausstattung betrachtet habe. Wie sein Unsicherheitserleben mit seiner Beziehung zu seinem Vater in Zusammenhang stehe, habe er bislang nie deutlich in den Blick genommen. Im weiteren Gesprächsverlauf thematisiert er, dass er sich einen anderen Umgang mit seiner Angst gewünscht hätte. Eine Reaktion, die ihm geholfen hätte, sich sicherer zu fühlen, wäre gewesen, dass seine Angst nicht abgelehnt, sondern behutsam akzeptiert worden wäre. Gerne hätte er die Erfahrung gemacht, dass sein Vater sein Bedürfnis nach Sicherheit ernst genommen hätte, um ihm selbst einen liebevolleren Umgang mit seiner Unsicherheit zu erlauben. Hierin läge vermutlich der Schlüssel für mehr Sicherheit in seinem Beruf. In dem Augenblick, als der Berater das Wort »eingeschüchtert« aufgreift und neu in der Frage rahmt »Wer oder was hat Sie eingeschüchtert?«, entsteht ein gegenwartsbezogener Moment.

Erfahrungen während des gegenwartsbezogenen Moments stoßen den Klienten zu einem veränderten Selbstverhältnis an. Haben wir ein Selbst oder kooperieren wir mit einer Binnenadresse, die wir mit unserem Selbst verwechseln? Peter Fuchs (2010b) spricht von einer kernlosen Zwiebel, Nick Chater (2019) postuliert, dass wir über kein Selbst verfügen. Und doch benötigen wir eine innere Figur, die wir als Ich bezeichnen, um geschäftsfähig zu sein. Wir sind uns in unserem Selbst nicht verfügbar. Welches Selbst reflektiert mich zurzeit? Das Ich, das einige Momente zuvor tonangebend war? Die inneren Stimmen wechseln, haben längere, bisweilen kürzere Auftritte auf der Bühne der Gegenwart. Ihre Anwesenheit auf dieser Bühne hängt von der emotionalen Bedeutsamkeit eines Themas, von dem aktuellen Fokus auf einen Gegenstand und von Entscheidungen ab, was dem sogenannten Selbst entspricht. Das wirkt beliebig, ist es zeitweise auch. Die Aussage, dass uns Ambivalenz, wenn nicht sogar Polyvalenz sicher ist, verweist darauf, dass unser Selbstkonzept von Vielstimmigkeit durchwoben ist. Gegenwärtigkeit lädt uns zu einem Bewusstmachen über unser aktuelles Selbstverhältnis ein, um eine *Binnenkooperation* der inneren Regungen herzustellen, die uns zu tragfähigen Entscheidungen für das Gestalten unseres Lebensvollzuges verhilft.

Im Hinblick auf die Definition eines gegenwartsbezogenen Moments liegt die Assoziation zum Phänomen der unbewussten Korrespondenz nahe. Auch eine unbewusste Korrespondenz ereignet sich. Sie geschieht nicht geplant. Das Unbewusste der Gesprächspartner korrespondiert. Beim Aufkommen eines gegenwartsbezogenen Moments können unbewusste Korrespondenzen eine Rolle spielen. Ein Teil des Phänomens lässt sich dadurch erklären, dass die Spiegelneuronen der Gesprächspartner aktiv sind und ihre Mimik und Gestik die Korrespondenz anregen. In seiner Präsenz erkennt der Berater diese Prozesse und lässt sie geschehen. Das aktive Eingehen auf die Sprache des Klienten, die Versprachlichung seiner körperlichen Regungen sind bewusste Aktivitäten. Die unbewusste Korrespondenz ist ein Vorgang, der unwillkürlich verläuft. Beide Prozesse tragen dazu bei, dass ein gegenwartsbezogener Moment entsteht.

Wir leben in einer breiten Gegenwart (Gumbrecht, 2010), in der wir im Hier und Jetzt über unsere Vergangenheit und unsere Zukunft nachdenken. Diese Rück- und Ausblicke vollziehen Menschen – wie gesagt – in der Gegenwart. Über unsere Sprache, vordergründig unsere Wortwahl zu den Themen, die uns zurzeit beschäftigen, und unsere Körperreaktionen – bewusst wie unbewusst – liefern wir Bewertungen mit. Auf diese einzugehen, diese direkt oder indirekt ins Bewusstsein zu heben, gelingt durch eine gegenwartsbezogene Haltung des Beraters. Seine Gegenwärtigkeit und seine Fähigkeit, Beobachtungen zur Verfügung zu stellen, bereiten den Boden für gegenwartsbezogene Momente. Als Leitsatz für den Berater könnte man formulieren: Sei gegenwärtig, wohlwollend und aufmerksam für den gegenwartsbezogenen Moment, um bei dem Klienten Selbstorganisationsprozesse anzustoßen, die sein Selbstverhältnis fördern.

Das Hier und Jetzt kann mit der Zukunft oder auch mit der Vergangenheit in Verbindung gebracht werden. Das hängt vom Beratungskonzept ab und auch von der Vorstellung, was für den Klienten in dem Augenblick hilfreich sein könnte. Skizziert werden zu diesem Zweck das Presencing und das Microtracking als Methoden für Überblendungen in andere Zeitdimensionen.

Presencing (Scharmer, 2020, S. 69) ist eine Komposition aus den Begriffen *presence,* »Anwesenheit«, und *sensing,* »spüren«. Es stellt eine soziale Technik dar und wird verstanden als ein Vorgang, sich Zukunftsvisionen vorzustellen und diese Vorstellung im Jetzt zu vergegenwärtigen. In diesem Prozess wird eine Auseinandersetzung mit dem Selbst in Gang gebracht. Die Beschäftigung mit dem Selbst geschieht über die Differenz zwischen dem Ist- und dem Sollzustand des Selbst. »Presencing ist eine Bewegung, in der wir unserem Selbst aus einer entstehenden Zukunft heraus begegnen« (Scharmer, 2020, S. 210). Im Presencing geht es ebenfalls um Gegenwärtigkeit. Entscheidend ist hier, dass die Zukunft als Ausgangspunkt gewählt wird.

Beim *Microtracking* (vgl. Bachg, 2004) handelt es sich um ein zentrales Instrument im Rahmen der Pesso-Therapie. Im Dialog wird der Klient angeregt, Aspekte seines gegenwärtigen Bewusstseins zu reflektieren. Der Blick fällt dann auf die Wahrnehmung, das Verhalten, die Gefühle und Gedanken. Emotionen, die sich aktuell im Gesicht und Körper des Klienten zeigen, werden ihm widergespiegelt und so seinem Bewusstsein zugänglich. Der Klient kommt auf diese Weise mit seinen Erinnerungen in Kontakt, die dem gegenwärtigen Bewusstsein zugespielt werden. Das Microtracking – verstanden als eine Weise, einen Beratungsdialog zu führen – bezieht sich zunächst einmal auf das Hier und Jetzt des Klienten. Über das Bewusstwerden der körperlichen Regungen werden durch Folgeschritte biografische Erfahrungen bedacht, die die Wahrnehmung des Klienten beeinflussen und in einen persönlichen Deutungshorizont stellen. Damit werden Klärungsprozesse angeregt, die für zukünftige, ähnliche Alltagssituationen mehr Freiheitsgrade in der Bedeutungszuschreibung der Szene erlauben. Dieses Vorgehen ist beispielhaft für eine Gegenwärtigkeit, die das Tor zu Erinnerungen und Zukunftsvisionen aufstößt und zugleich Veränderungen für die Bedeutungszuschreibung und Handlungsoptionen in einer Situation erlaubt.

Die Gegenwart kann für folgende Aspekte in der Beratung genutzt werden:

- Die Gegenwart funktioniert als Schaltstelle, in der das aktuelle Erleben, Erinnerungen und Zukunftsvisionen thematisiert und reflektiert werden. Je nach Anliegen des Klienten dient sie als Basislager, von dem aus Touren in die Vergangenheit oder Zukunft unternommen werden. Dabei ist es sinnvoll, im Bewusstsein zu halten, dass der Blick nach vorn und der Blick zurück im Hier und Jetzt stattfinden.
- Gegenwartsbezogene Momente sind flüchtige Ereignisse, die geschehen, aber nicht planbar sind. Die Haltung der Gegenwärtigkeit des Beraters bietet die Voraussetzung dafür, dass diese Momente auftauchen können.
- In Bezug auf das Anliegen bietet die Gegenwart den einzig möglichen Raum, das Selbst der Vergangenheit mit dem Selbst der Zukunft einvernehmlich zu verbinden.

Der Spannungsbogen

Der Spannungsbogen, um den es in diesem Kapitel geht, zeigt eine andere Beschaffenheit, da er durch drei Punkte verläuft. Den einen äußeren Punkt bildet die Vergangenheit, den anderen die Zukunft, den Scheitelpunkt die Gegenwart. (Kurze Zwischenfrage: Sehen Sie die Vergangenheit links oder rechts von sich? Vermuten Sie, es gibt einen Zusammenhang mit Ihrer Händigkeit? Siehe hierzu auch das Kapitel über Körperreaktionen.) Das Spiel mit den Zeitdimensionen ist ein ernsthaftes. Wissend, dass ich mich als Berater in der Gegenwart befinde, rege ich Ausflüge in die Vergangenheit und/oder die Zukunft an, um neue Perspektiven oder Bedeutungen gemeinsam mit dem Klienten zu entwerfen, die seinem Anliegen gerecht werden.

Die Möglichkeiten der Zeitdimensionen zu kennen, erlaubt es, flexibel und in Absprache mit dem Klienten bewusste Ausflüge in die jeweilige Dimension zu unternehmen.

Die Gegenwärtigkeit des Beraters ist dazu geeignet, gegenwartsbezogene Momente in der Beratungskommunikation mit dem Klienten anzuregen, sein Selbstverhältnis zu entwickeln und zu erweitern. Diese Momente stehen in Zusammenhang mit Erinnerungen bzw.

Zukunftsvisionen, bei denen der Klient spürt, dass sie für sein Erleben und Verhalten bedeutsam sind. Diese Erfahrung entsteht als Ereignis im sozialen Miteinander zwischen dem Klienten und dem Berater.

Im Hier und Jetzt kann der Berater Ressourcen des Klienten erleben, die im Widerspruch zu den belastenden Erzählungen aus der Vergangenheit stehen, die er gerade schildert. Diese Ressourcen als Feedback aufzugreifen, bietet dem Klienten die Chance, beide Aspekte in den Blick zu nehmen: die Belastung und die Ressourcen, über die er verfügt. Die Erweiterung des Horizonts öffnet das Fenster für neue Erlebens- und Verhaltensweisen und damit für ein mit der Zeit sich modifizierendes Selbstbild.

Die Angewiesenheit des Menschen auf soziale Interaktion findet eine exklusive Antwort in der Beratungsbeziehung, die als Veränderungsgröße verstanden werden kann. Gegenwärtigkeit und Resonanz des Beraters kommen in der Beratungskommunikation eine gewichtige Rolle zu. Nachfolgende Überlegungen von Bauer (2019) untermauern den Gesichtspunkt der Angewiesenheit. Zum Zeitpunkt unserer Geburt verfügen Menschen noch nicht über ein Bewusstsein für ihr Selbst. Erst über die Resonanzen aus der sozialen Umwelt bilden Menschen schrittweise im Laufe der ersten 18 bis 24 Monate ein Selbstnetzwerk aus. Soziale Resonanz meint das kommunikative Wechselspiel mit anderen Menschen. Das Selbst eines wichtigen Menschen hat eine Außenstelle im eigenen Selbst. Das gilt auch umgekehrt. Kognitionen und Emotionen stecken sich wechselseitig an und beeinflussen die Biologie des Menschen. Dieses wird über Spiegelneuronen möglich. Interaktionen mit anderen Menschen haben einen starken Einfluss auf die psychische und emotionale Gesundheit eines Menschen. Optimalerweise entwickelt er ein autonomes wie empathisches Selbst. Zugleich bleiben Menschen angewiesen auf die Beziehungen zu anderen Menschen. Respektvolle und wertschätzende Beziehungen stellen eine zentrale Bedingung für die menschliche Entwicklung und Gesundheit dar.

Die Wirklichkeit und das Selbstbild des Klienten werden im Verlauf eines Beratungsgesprächs dialogisch ausgelotet, es ähnelt einem gemeinsamen Erfinden. Dieses Erfinden vollzieht sich in der Interaktion mit anderen Menschen. Das Gegenüber ist zugleich Zuhörer wie Co-Autor der Erzählungen. Diese Angewiesenheit stellt die Grundlage für einen ressourcenorientierten Dialog über eine Lebensgeschichte des Klienten dar. Mit Blick auf die Ressourcen, Zielvorstellungen und Bedürfnisse kann der Berater Fragen stellen und Kommentare geben, die den Klienten dazu inspirieren, diese Aspekte ernst zu nehmen und dementsprechend in seine Erzählung einzuweben, die ihm möglicherweise in der Zukunft andere Handlungsoptionen und -freiheiten gewähren. Die Co-Autorenschaft des Beraters ermöglicht also neuartige, konstruktive Erzählungen – letztlich eine veränderte Wirklichkeit und ein verändertes Selbstbild.

Die Arbeit an lebensgeschichtlichen Episoden geschieht im Zuge einer gemeinsamen Konstruktion von Geschichten, von denen nicht angenommen werden darf, dass sie »wirklich« so passiert sind – eine historische Wahrheitsfindung ist nicht möglich. Relevant ist, dass die Geschichten für den Klienten Sinn ergeben und ihm neue Handlungsoptionen offerieren.

Die drei Zeitdimensionen lassen sich hilfreich überblenden: Im ersten Schritt werden benötigte Ressourcen des Klienten in seiner Vergangenheit gesucht; im zweiten Schritt werden diese Ressourcen in der Gegenwart mit allen Sinnen aktiviert; schließlich geht es im dritten Schritt darum, eine Vorstellung zu entwickeln, in der der Klient in naher Zukunft seine Ressource für eine anstehende Problemlösung erfolgreich anwendet.

Ein Bild zum Schluss: Berater und Klient sitzen zusammen vor einem Videomischpult, von dem aus sie Überblendungen in die Vergangenheit und/oder Zukunft aktiv herstellen bzw. reflektieren, weil diese unwillkürlich geschehen. Das Mischpult als Instrument gibt den Erinnerungen bzw. Visionen so viel Zeit und Raum, wie es für den Klienten und sein Anliegen hilfreich erscheint.

6 Körperreaktionen (über-)sehen

Einführende Überlegungen zum Thema »Körperreaktionen«

Fallskizze. Mehrfach war innerhalb und über die Dauer der Beratung beobachtbar, wie die Klientin synchron die Daumenkuppen beider Hände gegen die Fingerkuppen rieb. Die Bewegung ihrer Finger erinnerte die Beraterin daran, dass sie selbst gerne in ihrem Garten einen Rosmarinzweig zwischen die Finger nahm und an den Blättern rieb, um den Duft der Pflanze intensiv wahrzunehmen. In den Gesprächen wirkten diese Fingerbewegungen wie eine unwillkürliche Geste. Die erste Assoziation war, dass die Klientin das jeweilige Thema, mit dem sie gerade beschäftigt war, besser begreifen wollte. Der Wunsch zu verstehen, spiegelte sich in ihrer Gestik wider. Entsprechend überführte die Beraterin diese Beobachtung in Sätze wie »Sie möchten die Dinge intensiver verstehen«. Schließlich lenkte sie die Aufmerksamkeit der Klientin in einer späteren Sitzung auf ihre Fingerbewegungen und bat sie, diese intensiv und wiederholt auszuführen. »Welche Impulse entstehen in Ihnen, während Sie die Bewegung mit Ihren Fingern vornehmen?« Deutlich wurde: Ihre Geste drückte den großen Wunsch aus, sich zu spüren. Sie beabsichtigte dadurch, in Erfahrung zu bringen, welches Bedürfnis sie gerade habe und was sie darüber mitteilen könne, was sie genau wolle. Ihre Schwierigkeit bestand darin, dass sie nur schwer einen Zugang zu ihren Bedürfnissen herstellen konnte.

Berichtet eine Klientin über ihre Lage, sind ihr ihre Körperreaktionen nicht alle bewusst. Den Beratenden als Beobachtenden stehen sie unmittelbar zur Verfügung. Wie im Kapitel über den Umgang mit Hypothesen bereits erwähnt, sei hier noch einmal an die Lesart erinnert: Körperreaktionen sind mehrdeutig. Ihre Thematisierung kann als bestätigende, erweiternde oder (neu) erklärende Intervention konzipiert werden. In der Interpretation wird die Beraterin bei der Decodierung der Körperreaktionen der Klientin auf ihre spiegelneuronalen Prozesse zurückgeworfen. Diese kann sie der Klientin mit einem deutlichen Fragezeichen zur Verfügung stellen.

Kopfbewegungen beispielsweise können äußerst einflussreich sein: In einigen Beratungen kann beobachtet werden, dass die Beraterin der Klientin beispielsweise eine Hypothese erläutert und die Klientin währenddessen eine verneinende Kopfbewegung macht. Die Beraterin registriert die Kopfbewegung, diese veranlasst sie jedoch nicht, in ihren Ausführungen innezuhalten und die Klientin zu fragen, was sie gerade verneint. Stattdessen intensiviert sie ihre Erläuterungen mit der Absicht, ihre Hypothese mit zusätzlichen Argumenten überzeugender darzulegen. Durch die weiteren Ausführungen versucht die Beraterin, die verneinende Position der Klientin vorwegnehmend aufzulösen. In Vortragssituationen haben Vortragende die Neigung, sich an Personen im Publikum zu orientieren, die ihren Ausführungen nickend folgen. Mit diesem Fokus bleiben sie motiviert, ihren Vortrag interessant und lebendig zu halten.

Unwillkürliche Körperregungen begleiten zahllose alltägliche Szenen. Manche Musikerinnen neigen dazu, wenn sie sich auf ihr Spiel konzentrieren, ihre Zunge gegen eine ihrer Wangen zu drücken. Damit kompensieren sie die Anspannung, die damit verbunden ist, die notierten Melodien fehlerfrei vorzutragen. Andere Personen wiederum pressen ihre Lippen intensiv zusammen, wenn sie anfordernde Inhalte gedanklich durchdringen. Im asymmetrischen Zucken der Oberlippe kann sich Ekel ausdrücken. Unser Körper spricht mit, wenn wir uns mit unserer (Um-)Welt auseinandersetzen.

Das verwundert nicht. Denn körperliche Prozesse hängen eng mit unserem Denken zusammen und umgekehrt. Der Hintergrund dafür ist, dass unser Wissen in erfahrungsbezogenen Netzwerken gespeichert wird, die die motorischen Areale einschließen. Beim Erinnern, Nachdenken oder Handeln arbeiten unterschiedliche Areale aktiv zusammen, so auch die Regionen im Gehirn, die Bewegungen regulieren oder Formen und Farben wahrnehmen. Erblicken wir ein Werkzeug, beispielsweise einen Schraubendreher, werden unmittelbar eine Reihe von Netzwerken im Gehirn aktiviert; dazu gehört der prämotorische Kortex. Diese Gehirnregion bereitet Bewegungen vor und koordiniert sie. Für diese neuronalen Aktivitäten muss der Gegenstand noch nicht einmal direkt gesehen werden, es reicht das Gespräch darüber (vgl. hierzu Weigmann, 2013, S. 26 f.).

Die unwillkürlichen Körperreaktionen gehören zum Bereich der *Idiodynamik*. Antworten des Körpers zeigen sich beispielsweise in folgenden Bereichen (vgl. Benaguid u. Schramm, 2016, S. 147 f.):

- Körperspannung,
- Kopfbewegungen,
- Bewegungen mit Nase, Mund oder/und Stirn,
- Bewegungen mit den Händen, Füßen,
- Lidschluss oder Augenbewegungen,
- Körperhaltung, Aufrichten des Körpers,
- Augenglanz, Tränenfluss, Veränderung der Pupillengröße,
- Schluckbewegungen,
- Atmung, z. B. tiefes Durchatmen,
- Hautdurchblutung,
- Stimmklang,
- Sprechtempo, Lautstärke,
- Lächeln.

Die unwillkürlichen Reaktionen ergeben sich wie von selbst; sie zeigen sich als unbewusste Körperregungen während des gesamten Beratungsprozesses. Für die Beraterin sind sie von außen beobachtbar, bevor die Klientin ihr Erleben versprachlicht. Dementsprechend empfiehlt sich eine breit gefächerte Aufmerksamkeit der Beraterin, um diese Körperreaktionen leicht und rasch zu bemerken (vgl. Benaguid u. Schramm, 2016, S. 148). Zugleich benötigt es eine Haltung und Fähigkeit der Beraterin, die wahrgenommenen Körpersignale in annehmbarer und angemessener Weise anzusprechen.

Betrachtet man Bewusstes und Unbewusstes als Quellen, die uns ausmachen, weil beide zugleich eine Rolle spielen und Einfluss auf unser Leben nehmen, dann lohnt es sich, aus beiden Quellen im Prozess der Beratung zu schöpfen. Aktuelle und zurückliegende Wahrnehmungen begleiten den Strom unseres Bewusstseins. Das

Unbewusste verweist auf unsere Erfahrungen, Emotionen und Beziehungen und steuert damit unsere Art, unser Leben zu gestalten (vgl. z. B. Bargh, 2022).

Das Eingehen auf Körperreaktionen ist in verschiedenen Arbeitssettings möglich. Typisch für eine Beratung ist das Gespräch im Sitzen. Seit der Coronapandemie haben sich auch andere Beratungssettings etabliert, z. B. der Spaziergang (auch als »Walk and Talk« bezeichnet). Hier stehen weitere Informationsquellen zur Verfügung. Wann bleibt die Klientin stehen, wann geht sie schneller, wann verlangsamt sie ihr Gehtempo? In der Aufstellungsarbeit können verschiedenste Körperreaktionen Berücksichtigung finden. Das kann dann etwa das Schlenkern der Arme sein oder das Wippen auf dem Vorderfuß, um zusätzliche Informationen zum Thema bzw. Anliegen zu generieren.

In der Pesso-Therapie sitzen sich Therapeutin und Klientin direkt gegenüber, sodass die Therapeutin die Körperreaktionen der Klientin unmittelbar beobachten kann, was in Stuhlarrangements im 45-Grad-Winkel oder im Nebeneinander – dabei in eine Richtung weisend – schwerer möglich ist oder auch vom Konzept her nicht gewollt.

Samy Molcho hat sich in verschiedenen Publikationen mit der Körpersprache des Menschen beschäftigt. Versteht man seine Überlegungen zur Körpersprache mehr als Anregungen und weniger als Interpretationsleitfaden, bieten sie einen reichhaltigen Fundus an Hinweisen, wie Menschen nonverbal miteinander kommunizieren. Verschränkte Arme vor der Brust müssen nicht als ein abweisendes Verhalten gedeutet werden. Sie können ebenso ein Hinweis auf ein Rückenleiden sein, das durch die Armhaltung gemindert wird. Oder sie liefern einen Hinweis darauf, dass die Person ihre Körperwärme bei sich behalten will. Entsprechend wird hier die Idee vertreten, die Bedeutung des Körpersprachlichen aktiv zu erfragen und offen für Überraschungen zu sein.

Kulturübergreifend lassen sich sieben Emotionen beim Menschen ausmachen. Das sind Freude, Überraschung, Ekel, Ärger, Angst, Trauer und Ablehnung. Die Emotionen zeigen sich vor allem in Bewegungen der Stirn-, in der Augen- und Mundpartie. Es handelt sich jeweils um eine vielfältige Mimik, die manchmal nicht leicht zu decodieren ist, auch weil sich diese Emotionen im Millisekundenbereich zeigen. Diese Emotionen im Gesicht (vgl. z. B. Ekman, 2007) zu erkennen, darum soll es in diesem Kapitel lediglich begrenzt gehen. Hinzu kommt: Je nachdem wie Eltern oder andere Bezugspersonen während der ersten Lebensjahre auf die Emotionen und Bedürfnisse des Kindes reagiert haben, stehen dem Kind vielfältige oder aber eingeschränkte Möglichkeiten zur eigenen wie fremden Emotionserkennung zur Verfügung. Das Wissen um diese differenten Sozialisationen in puncto Emotion spricht ebenfalls für eine explorative Haltung gegenüber den Emotions- und Körperregungen einer Klientin.

Auch im Hinblick auf die körperliche Sprache des Menschen braucht es eine Haltung, die von Neugierde, Präsenz und Demut gekennzeichnet ist, um von vorschnellen Bedeutungszuschreibungen abzusehen. Eine so gestaltete Haltung unterstützt die Beraterin dabei, der Klientin bei ihrer Selbsterkundung hilfreich zur Seite zu stehen. Die angebotenen Fremdwahrnehmungen der Beraterin kann die Klientin für eine Erkundung, Entwicklung und Erweiterung ihres Selbstbildes nutzen, sodass diese Erfahrungen sie bei Aktionen im sozialen Miteinander hilfreich unterstützen.

Körpersignale indirekt ansprechen

Auf die eigenen Körperreaktionen im alltäglichen Miteinander angesprochen zu werden, ist eher unüblich. Findet eine solche Ansprache statt, ruft sie Irritationen hervor, weil man sich stark beobachtet erlebt, ungefragt auf Eigenheiten gestoßen wird und auf Reaktionen einen Hinweis erhält, die man unwillkürlich vornimmt (siehe S. 116 f.). In der Folge ist man damit beschäftigt, die eigene Körpersprache stärker zu kontrollieren. Die Unterhaltung – so sie nicht bald beendet wird – verändert sich, weil die Aufmerksamkeit weniger auf den Inhalt als auf den eigenen Körper gerichtet wird. Das lässt sich jedoch nicht lange durchhalten.

Besteht bei einer Klientin keine Erfahrung mit Beratungssettings, die die Körperreaktionen mit in den Blick nehmen, und ist dieser Körperfokus nicht transparent gemacht sowie vereinbart worden, wird sie vermutlich ähnliche Reaktionen zeigen. Damit ist bereits der erste Punkt thematisiert, das Vorgehen, Körperreaktionen in die Kommunikation einzubeziehen, transparent zu machen. Diese Arbeitsweise benötigt eine Vereinbarung zwischen Beraterin und Klientin. Ist das Einverständnis der Klientin gegeben, dann sind auch Beiträge im Hinblick auf die als intim erlebten Reaktionen des Körpers möglich.

Körperreaktionen der Klientin können auch indirekt von der Beraterin in die Kommunikation eingebracht werden. Ändert sich beispielsweise der Glanz der Augen – die Augen werden feuchter –, kann die Beraterin äußern: »Mir scheint, dass mit dem Thema, mit dem Sie sich gerade beschäftigen, noch weitere Aspekte an Bedeutung gewonnen haben.« Wird diese Äußerung der Beraterin bejaht, könnte sie weiterfragen: »Denken Sie, es ist sinnvoll, diese zusätzlich in den Blick zu nehmen? Und wenn Sie das denken, welche sind das?« Das Konzept der Anliegenentwicklung berücksichtigt, dass während der Erörterung des gegenwärtigen Themas neue Aspekte aus der Erinnerung aktiviert werden, die für die Bearbeitung des Themas relevant sein können bzw. ein neues Anliegen aufkommen lassen, das möglicherweise bedeutsamer für die Klientin ist. Die Entscheidung, wie das bzw. welches Anliegen weiter bedacht werden soll, trifft die Klientin.

Einer Klientin, die sich während des Gesprächs kurz vom Stuhl aufrichtet, während sie über ein Thema spricht, könnte die Beraterin sagen: »Diese Angelegenheit erscheint mir arg unbequem für Sie zu sein.« Oder: »Manche Themen wecken in einem den Impuls, gehen zu wollen.«

Diese Reaktionen der Beraterin sind bewusst vage formuliert, sodass die Klientin entscheiden kann, wie sie auf ihre inneren Regungen eingehen will. Eine andere Reaktion der Beraterin könnte sein: »Sie wirken gerade berührt«, ohne dabei den Ausgangspunkt für diese Aussage aktiv zu benennen. Die Klientin bekommt daraufhin die Zeit, nachzuspüren, was in ihr vorgeht. Wenn es für die Klientin wichtig ist, was sie gerade erlebt, wird sie es mitteilen. Denkbar sind ebenso folgende Aussagen: »Ich habe den Eindruck, als würden Sie sich gerade eines weiteren Aspektes im Zusammenhang mit Ihrem Anliegen bewusst werden.« Oder: »Mir scheint, gerade verändert sich etwas für Sie. Was ist das genau?« Oder: »Wenn Sie über dieses

Thema sprechen, dann, so vermute ich, erleben Sie, wie emotional bedeutsam es für Sie ist. Was empfinden Sie gerade?« Dabei ist stets im Blick zu behalten, dass nonverbales Verhalten mit Mehrdeutigkeit verbunden ist. Die Bedeutung wird gemeinsam in der Beratungskommunikation konstruiert.

Die bisher genannten Reaktionsvorschläge thematisieren allgemein und offen Veränderungsbeobachtungen seitens der Beraterin als Anregung für die Klientin. Sie können auch stärker offensiv formuliert werden: »Sie wirken angespannt.« Oder: »Auf mich wirken Sie beunruhigt.« Dabei unterstellt die Beraterin ein Erleben, das nicht vorhanden sein muss. Äußert die Klientin, sie sei nicht beunruhigt, kann die Beraterin dennoch anbieten: »Sondern ...?« Mit der offensiven Formulierung ist mehr Bedeutungszuschreibung verbunden, was als ein Herantasten verstanden werden kann. Diese Haltung bietet sich in Situationen an, in denen die Klientin ein auffällig differentes Verhalten zeigt, das sich von dem Verhalten unterscheidet, das die Beraterin als situationsangemessen erwartet.

Interessant ist die wissenschaftliche Beobachtung, dass wir uns abstrakte Ideen mithilfe körperlicher Erfahrungen zu eigen machen. Dabei spielt die Händigkeit eine wissenswerte Rolle. Rechtshänderinnen finden Dinge, die sich rechts von ihnen befinden, besser, bei Linkshänderinnen ist es umgekehrt. Barack Obama ist Linkshänder. Im Wahlkampf gestikulierte er häufiger mit der linken Hand, wenn er über positive Aspekte sprach. Bei George W. Bush, der Rechtshänder ist, verhielt es sich umgekehrt (vgl. hierzu Weigmann, 2013). Entsprechend könnte man Klientinnen, die Rechtshänderinnen sind – das lässt sich beiläufig erfragen – und mit der rechten Hand gestikulieren, mit der deutenden Frage begleiten: »Diesen Aspekt empfinden Sie positiv?« Voraussetzung dafür ist, dass die Bewertung nicht bereits im gesprochenen Text mitgeliefert wird.

Zusammenfassend kann gesagt werden, dass es darum geht, Körperreaktionen aufzugreifen, ohne sie direkt als solche anzusprechen. Drei Reaktionsweisen lassen sich dabei voneinander abgrenzen:

- »Ich habe den Eindruck, Ihnen ist gerade noch etwas zusätzlich bewusst geworden.« Die Körperantwort wird als zusätzliche Information, die bewusst geworden ist, behandelt.

- »Sie wirken berührt.« Auf der körpersensorischen Ebene wird eine zur Beobachtung passend erscheinende Beschreibung formuliert.
- »Das Thema scheint Sie traurig zu stimmen.« Die Körperreaktion wird als Hinweis auf eine Emotion gelesen. Die emotionale Spur wird verbalisiert. Die Intervention erfolgt auf der Ebene der Emotionen.

Über die Veränderung des Augenglanzes hinaus können sich die Reaktionen der Beraterin auf verschiedene Körperaktivitäten beziehen, z. B. auf Beobachtungen im Hinblick auf das Aufrichten des Körpers, die Veränderung der Atemfrequenz, das Spiel mit den Lippen, das Rümpfen der Nase oder die Bewegungen im Stirnbereich.

Körpersignale direkt ansprechen

Beispiel. Angenommen eine Klientin schildert eine Interaktion mit ihrer Mutter in einer Konfliktsituation, über die sie nachdenklich geworden ist, in einem Tonfall und Sprechtempo, das sich mit Blick auf das bisherige Gespräch als charakteristisch für sie zeigt. Dann hält sie abrupt inne, die Lautstärke ihrer Stimme ändert sich, sie spricht leiser, die Stimme wirkt brüchig. Die Beraterin reagiert auf die wahrnehmbare Veränderung mit der Äußerung: »Was passiert gerade, dass Ihre Stimme leiser und brüchiger wird?« Vorsichtiger formuliert, könnte die Beraterin auch fragen: »Wollen Sie etwas zu der Veränderung in Ihrer Stimme sagen? – Welche Bedeutung geben Sie Ihrer Körperreaktion?«

Die Änderung in der Stimme wird direkt angesprochen. Das Vorgehen besteht darin, die beobachtbare Körperregung der Klientin unmittelbar als Beobachtung zur Verfügung zu stellen. Erfolgt diese Rückmeldung prompt, hat die Klientin die Chance, dem Erleben, das mit der Körperreaktion verknüpft ist, auf die Spur zu kommen. Solche Rückmeldungen empfehlen sich in Kommunikationsszenen, wenn die Klientin mit ihren Anliegen intensiver beschäftigt ist. Auf diesem Weg können Emotionen oder Erinnerungen ins Bewusstsein geraten und/oder die für die Entwicklung des Anliegens entscheidenden Informationen beisteuern.

Hammel (2015) nutzt die Arbeit mit Stühlen für die Beratung. Mit Bezug auf sein methodisches Vorgehen wird hier eine Variante grob skizziert. Sowohl Inhalten als auch (unbewussten) Körperreaktionen weist er einen Stuhl zu, wenn sie im Gesprächsprozess auftauchen. Das Zwinkern mit den Augen, das sich z. B. zeigt, während die Klientin über ihr Anliegen spricht, wird als Informationsquelle verstanden. Entsprechend wird die Klientin gebeten, dem Augenzwinkern einen Stuhl zuzuweisen und ihn im Raum zu platzieren. Die Klientin setzt sich auf diesen Stuhl und wird interviewt, welche Information das Augenzwinkern für die Klientin bereithält. Im Kontext einer Gruppe kann dann ein Gruppenmitglied gebeten werden, sich stellvertretend für die Körperreaktion auf den Stuhl zu setzen. Die Klientin begibt sich anschließend zu dem Stuhl, auf dem sie während des Interviews gesessen hat. Die Anliegenentwickung wird fortgesetzt. Für eine dann auftauchende Körperreaktion wird wiederum ein neuer Stuhl im Raum für ein weiteres Interview genutzt. Da die Körpersignale als wenig steuerbar erlebt werden, ist es in jedem Fall sinnvoll, sich vorab das Einverständnis für ein solches Vorgehen einzuholen.

Bei Aufstellungen und vor allem im Psychodrama ist es ebenfalls möglich, verschiedene Körperregungen durch Mitspielende darzustellen. Die Protagonistin wird über diese Regungen interviewt und weist die Mitspielenden an, welche typischen Aussagen mit den Körperregungen in Verbindung stehen. Hier besteht darüber hinaus die Chance, während des gesamten Prozesses den gesamten Körper auf Bewegungen und Regungen hin zu beobachten. Das Zurücktreten, die weichen Knie, der unsichere Stand sind im Raum bzw. auf einer Bühne gut zu erkennen.

Die Beraterin kann der Klientin außerdem vorschlagen, in die Bewegung hineinzuspüren und wahrzunehmen, was sich dort abspielt. Nicht selten zeigen sich auf diesem Weg nicht bewusste Emotionen oder Bedürfnisse. Interessant ist darüber hinaus, mit diesen motorischen Abläufen kleine Experimente durchzuführen. Möglich ist z. B., eine Geste größer oder kleiner, zarter oder gröber zu machen. Optimalerweise spürt die Klientin dann, was in der Bewegung an Information steckt oder welche Intensität für sie stimmig ist, um für sich ein »Passen« zu entdecken. Im Dialog über die körperbezogenen Prozesse entsteht ein Sinn für die Klientin.

Die Beraterin wird ebenfalls Körperregungen an sich feststellen, während sie mit einer Klientin kommuniziert. Normalerweise werden sie nicht zum Gegenstand eines Gesprächs gemacht, da sie die Aufmerksamkeit von der Klientin wegnehmen. Dennoch steht es der Beraterin frei, ihre eigenen Körpersignale zu reflektieren, weil ihr beispielsweise bewusst wird, dass sie über längere Zeit ihre Hände faltet. Diese Geste kennt sie von sich, um sich zurückzunehmen, weil sie meint, der Klientin gegenüber geduldig sein zu müssen. Angenommen, die Klientin spricht über Spannungen in Gesprächen mit Personen aus ihrem sozialen Umfeld. Diese verstehe sie jedoch nicht. Die Beraterin entwickelt die Hypothese, dass die Klientin ihre Gesprächspartnerinnen mit längeren Monologen strapaziere. Sie könnte dann äußern: »Sie wünschen sich, dass Ihnen wichtige Personen Sie gut verstehen, und erläutern ihnen dann ausführlich Ihre Gedanken. Dabei könnte es sein, dass Sie kleine Anzeichen der Ungeduld bei Ihrem Gegenüber übersehen. Das könnte ein Ansatzpunkt dafür sein, die Spannungen nachzuzeichnen. Wie denken Sie darüber?« Oder: »Wenn jemand, der das Phänomen [...] mit Ihnen erforschen möchte, auf die Idee kommt, Folgendes dazu zu sagen: [...]. Was antworten Sie ihm?«

Werden Körperreaktionen direkt angesprochen, kann die Beraterin in unterschiedlicher Weise darauf eingehen:

- Die Beraterin spricht die beobachtete Körperregung direkt an und fragt danach, welche Bedeutung die Klientin ihr hinsichtlich ihres Anliegens geben will.
- Der beobachteten Körperreaktion wird ein eigener Stuhl im Raum eingeräumt. Die Körperreaktion wird als Informationsquelle verstanden, die für die Anliegenentwicklung eine wichtige Rolle spielen kann. Deshalb wird sie näher befragt.
- Statt mit Stühlen können auch andere Personen eine Körperreaktion darstellen. Die Arbeit im Stehen und in der Bewegung liefert zusätzliche Beobachtungsmöglichkeiten.
- Die Beraterin fokussiert auf die Körperreaktion und bittet die Klientin, die Körperreaktion zu wiederholen und auf Impulse zu achten, die währenddessen auftauchen.
- Darüber hinaus: Die eigenen Körperreaktionen der Beraterin stellen eine indirekte Möglichkeit bereit, kommunikative Mus-

ter, die sich in einer Beratung zeigen, verstehbar zu machen. Eine Klientin berichtet monoton über ihre Erfahrungen und die Beraterin reagiert körperlich darauf. Diese Reaktion kann die Beraterin als Information ausschließlich für sich behalten oder sie der Klientin zur Verfügung stellen: »Während Ihrer Erzählung legt sich ein schweres Gewicht auf meine Schultern. Welche Bedeutung kann dies für Sie im Hinblick auf Ihr Anliegen für die Beratung haben?«

Der Spannungsbogen

Körpersignale begleiten kontinuierlich eine Beratung. Dabei muss nicht jede Regung des Körpers für eine Entwicklung des Anliegens relevant sein – das kann die Beraterin jedoch nicht im Vorhinein wissen. Über die Relevanz entscheidet die Klientin als Expertin. Die Beraterin stellt ihre Beobachtungen zu den Körperreaktionen direkt oder indirekt zur Verfügung, wenn sie den Eindruck gewinnt, dass gerade eine bedeutsame Veränderung im Erleben der Klientin stattfindet, dass eine stärkere emotionale Regung sich zeigt oder dass eine neue Information der Klientin bewusst geworden ist. Dazu zählt auch, dass sich die Klientin nicht regt. Auch ihre Nicht-Regung kann in Bezug auf ihr Anliegen eine Perspektiverweiterung ermöglichen.

Die Inhalte des Anliegens beanspruchen nicht selten die vollständige Aufmerksamkeit der Beraterin, sodass subtile Veränderungen leicht übersehen werden. Das spricht für die Notwendigkeit eines weiten Aufmerksamkeitsfokus der Beraterin, für ihre Bereitschaft, kleine Unterschiede zu bemerken und sie gegebenenfalls anzusprechen. In jedem Fall ist es interessant zu bemerken, dass Körperreaktionen eine zusätzliche wie nützliche Informationsquelle für eine Beratung darstellen. Der Spannungsbogen zeigt sich darin, dass die Körperreaktionen entweder direkt oder indirekt in der Beratung aufgegriffen werden können. Körperreaktionen in die Beratung einzubeziehen, unterstützt die selbstexplorativen Schritte der Klientin, den eigenen Weg zu entdecken und zu gehen. Daher wird hier ausgeschlossen, sie zu ignorieren.

Damit der Einbezug von körperlichen Regungen der Klientinnen nicht irritiert, erscheint es ratsam, in der Kontraktphase der Beratung über das Vorgehen transparent aufzuklären, Körperreaktionen gegebenenfalls aktiv als Informationsquelle für eine Anliegenentwicklung heranzuziehen. Was konkret kontraktiert wird, hängt vom Beratungskonzept ab. Es macht einen Unterschied, eine Beratung im Sitzen durchzuführen im Vergleich zu einer Strukturaufstellung, einer Aufstellung mit Stühlen oder einer Arbeitsweise im Raum, wie beim Clean Space (Lawley u. Way, 2022) vorgeschlagen.

Für ein indirektes Benennen von Körperreaktionen spricht, dass die Klientin nach einem direkten Hinweis auf ihre Körpersprache gehemmt sein kann und geneigt ist, diese zu unterdrücken. Das kann bedeuten, dass der Selbstorganisationsprozess der Klientin ebenfalls blockiert wird. Hinzu kommt, dass der Verweis auf die körperlichen Regungen gelegentlich mit Schamgefühlen verbunden ist. Ein direktes Ansprechen kann hingegen hilfreiche neue Informationen hervorbringen. Methodisch stehen diverse Möglichkeiten zur Verfügung, über die Körperreaktionen zu kommunizieren.

Im Hinblick auf Körperregungen lohnt es sich, möglichst prompt zu reagieren, da beim Erzählen gerade ein Netzwerk aufgerufen wurde, das einige Momente später von anderen Netzwerken abgelöst wird. Dabei muss nicht jegliche Körperreaktion aufgegriffen werden – es käme unnötigerweise eine Jagd danach auf. Aufschlussreich sind die Körperreaktionen, die sich bei der Entwicklung eines Anliegens zeigen bzw. mit deutlichen emotionalen Veränderungen einhergehen; dies trifft sowohl für die Klientin als auch für die Beraterin zu.

Das Akronym BASIC kann mit Basis oder Grundlage assoziiert werden (vgl. auch S. 51); es steht (aus dem Englischen übersetzt) für die Aspekte Verhalten (Behavior), Gefühl (Affect), Körperempfindung (Sensation), Vorstellung (Imagery) und Gedanke (Cognition). Diese Aspekte können wechselseitig aufeinander bezogen werden. Entsprechend kann die Beraterin fragen: »Wenn Sie spüren, dass Sie schlucken müssen, wenn Sie an diese Situation denken, was für Verhaltensimpulse/Gefühle/Bilder/Gedanken kommen Ihnen dann?« Das Schlucken kann mit anderen Erlebensweisen verbunden sein und macht die Körperreaktion mit begleitenden Fragen verständlicher für die Klientin.

Der Beraterin kann verbale, para- und nonverbale Reaktionen der Klientin registrieren, was die Vielfalt der Bezugspunkte in einer

Beratung aufzeigt. Die Reaktionen, die zur selben Zeit wahrgenommen werden können, werden vermutlich Inkongruenzen aufweisen. Nach dem Motto »Ambivalenz stellt den Normalfall dar« können Beobachtungen über sogenannte Inkongruenzen als Hinweis auf vielfältige Bedürfnisse und Erlebensweisen gewertet werden. Die Körperreaktionen und die formulierten Anliegen in ihrer Unterschiedlichkeit aufzugreifen, erlaubt dann, diese »Standpunkte« in einen gemeinsamen Dialog zu bringen. Das anerkennt die Ambivalenz als nützliches Erleben und erlaubt darüber hinaus, diese Äußerungen dialogisch in ein Verhandlungsgeschehen zu bringen, um neue Wege entdecken zu können. Das Selbstmanagementtraining nach Storch und Krause (2002) bietet hierfür eine gute Grundlage.

Ein Bild zum Schluss dieses Kapitels: Ein Fluss fließt ruhig und langsam dahin. Seine Oberflächenbewegungen korrespondieren mit den Wetterbedingungen. In einem Boot sitzend, achte ich unter diesen Bedingungen auf die umgebende Landschaft. Zeigen sich unerwarteterweise an der Oberfläche Strudel, stärkere Wellenbewegungen oder Blasen, beginne ich mir Gedanken darüber zu machen, was gerade unter der Wasseroberfläche geschieht.

7 Schlüsselwörter in der Beratung

Wörter, die wie ein Dietrich Schlösser öffnen

Vergleichbar mit Schlüsselwörtern (»Keywords«) in Zeitschriftenartikeln, die thematische Schwerpunkte umreißen, liefern Schlüsselwörter beim Sprechen in der Beratung Hinweise auf Bedeutsames. Sie werden jedoch nicht vor Beginn des Gesprächs prominent markiert, sie tauchen vielmehr an vielen Stellen im Gesprächsfluss auf. Je nach Beratungskonzept lohnt es sich, einige davon aufzugreifen und andere wiederum liegen zu lassen. Die Bezeichnung »Schlüsselwort« besitzt einen Klang[1] und eine Bedeutung, die unmittelbar Interesse

---

1 Auf der Ebene der Vokale ist das Wort »Schlüsselwort« ebenfalls poetisch bemerkenswert. Es enthält die Vokale »ü« und »o«. Spricht man sie einzeln aus und achtet darauf, mit welchem Erleben sie verbunden sind, dann könnte man sagen, dass das »ü« mit Überraschung und das »o« mit Erstaunen einhergeht. Diese Kombination erzeugt nicht nur einen Wohlklang, sondern auch Interesse, das wie ein Motor für den Gesprächsprozess funktioniert. Wehling (2016, S. 23) beschreibt anschaulich: Hören wir die obigen Laute, ahmt unser Gehirn die damit einhergehenden Zungenbewegungen nach, die mit der Lautproduktion verbunden sind. »Wir begreifen, was einer sagt, indem unser Gehirn so tut, als würden wir es selbst sagen« (Fadiga et al., 2002, zitiert nach Wehling, 2016, S. 23).
In den letzten Jahren wurden Studien dazu durchgeführt, wie Form und Bedeutung eines Wortes zusammenhängen. Dabei wird die kleinste Einheit herangezogen, das Phonem. Ein Phonem stellt eine abstrakte mentale Repräsentation des hörbaren Lautes dar (vgl. hierzu Schramm u. Wüstenhagen, 2015, S. 16 f.). Ein Beispiel: Der Forscher Richard Klink hat in aufwendigen Studien herausgefunden, dass Produktmarkennamen, die das »i« als einen Vordervokal enthalten, für kleiner, heller, dünner, schneller und leichter im Vergleich zu Produktnamen gehalten werden, die ein »o« oder »u« als Vordervokal enthalten; Nodax als fiktiver Ketchup-Name ist stärker mit Dick-

wecken und verstärken, wenn man sich vorstellt, damit verborgene Türen zu öffnen. Doch: Wie verwandeln sich Wörter in Schlüsselwörter? Wenn ein Wort wie ein Schlüssel benutzbar ist, was öffnet er dann? Und: Was können Schlüsselwörter bewirken?

Mit Wörtern erschließt sich der Mensch die Welt, die mit jedem Wort, das er sich aneignet, wächst. Stellen Sie sich den Moment vor, wenn ein Baby das erste Mal Laute ausspricht, die die Eltern als »Ma-ma« identifizieren. Dieser Moment löst große Freude aus, die für alle Beteiligten spürbar ist. In dem Lautstrom, den ein Baby produziert, ploppen sinnvolle Laute auf. Die Umgebung wird dies prompt positiv quittieren, sodass die Chance wächst, dass das Baby die Silbenkombination erneut ausspricht. Das Feedback der Eltern ist ein wichtiger Beitrag dafür. Sie werden das Baby motivieren, erneut »Ma-ma« zu äußern. Das Baby lernt zusehends, mit »Ma-ma« die Aufmerksamkeit seiner Mutter zu gewinnen.

Hierin spiegelt sich die Erfahrung wider, mit Worten Einfluss auf die soziale Umgebung zu nehmen. Dies gelingt unter anderem deshalb, weil die Mutter im Sinne von Peter Fuchs (2003, S. 15 f.) eine soziale Adresse zur Verfügung stellt, die das Baby ansteuern kann. Soziale Adresse meint eine »spezifische Struktur der Kommunikation« (S. 16). Durch einen Namen, der genannt wird (hier »Mama«), oder durch eine Rolle werden Erwartungen gelenkt und reguliert, die mit dem Namen oder der Rolle verknüpft sind.[2] Die soziale Adresse bildet die Voraussetzung dafür, dass das Kleinkind in gemeinsamen Resonanzräumen seine Welt ausformt (vgl. Bauer, 2019).

Sobald wir Wörter für unser Erleben lernen und benutzen, vermögen wir Erfahrungen zu verdichten und zu erinnern. Das Wort funktioniert dann wie ein Griff, der den Zugriff auf einen Koffer mit Erinnerungen erlaubt. Manchen Wörtern geben wir im Laufe unserer Entwicklung eine besondere Bedeutung, weil sie mit einer

---

flüssigkeit assoziiert als der fiktive Ketchup-Name Nidax (vgl. Schramm u. Wüstenhagen, 2015, S. 44).

2 Fuchs (2003) bezeichnet die soziale Adresse als »lautlos«, erst durch Beobachtungen zu Abweichungen gerät sie in den Fokus. Irritationen im Hinblick auf Erwartungen weisen darauf hin. Für das Intimsystem Familie konstatiert Fuchs (2003, S. 24) eine Komplettberücksichtigung des anderen, womit zugleich eine umfassende Adressabilität gegeben ist.

emotionalen Erfahrung verknüpft werden. Spricht eine Person das Wort aus, öffnet sich zugleich ein Zugang zu den damit verknüpften Erinnerungen. Lächelt sie oder strahlt sie über ihr Gesicht, während sie ein Wort ausspricht, erhält ein Beobachter den Hinweis, dass dieses Wort den Weg zu positiven Erinnerungen bahnen kann; anders formuliert: Mit dem Schlüsselwort ist ein Netzwerk an freudvollen Erinnerungen verbunden.

Ein Wort wandelt sich zu einem Schlüsselwort, weil mit dem (inneren) Aussprechen des Wortes Emotionen ausflaggen, die sich auf der para- und nonverbalen Ebene zeigen. Die Emotion hebt das Wort aus dem Fluss des Gesprochenen hervor. Das Wort fließt weiter und bleibt unbemerkt, wenn der Sprecher es nicht beachtet oder aufgreift. Erzählen wir über unsere Welt, flackern verschiedene Schlüsselwörter auf. Sie können mit einem Türsteher verglichen werden, der am Eingang beachtenswerter Räume steht und den Eintritt zu wertvollen emotionalen Erinnerungen bei Bedarf freigibt.

Erzählungen, die wir über uns anfertigen, enthalten eine Vielzahl an Schlüsselwörtern. Manche fliegen unter dem Radar des Bewusstseins, andere sind beim Sprechen bewusst. Einige Schlüsselwörter besitzen dabei eine solche Sogwirkung, dass sich eine Erzählung schlagartig verändert. Beim Aussprechen spürt der Sprecher unmittelbar, dass er diesem Gefühl, diesem Wort folgen will. Es führt ihn dazu, einer Erfahrung nachzugehen, die ihn prägt.

In der Szene zwischen dem Baby und seiner Mutter wird angedeutet, wie die Interaktion das Bilden und Abrufen von Schlüsselwörtern beeinflusst. Wissen und Erfahrung zeigen an, welche Worte für einen Menschen bedeutsam sind. Entsprechend verwendet er sie bewusst, wenn er über sich erzählt. Nicht alle Regungen sind dem Bewusstsein zugänglich, weil sich diese im Millisekundenbereich abspielen und unbewusst bleiben. In der Interaktion mit anderen Menschen, vor allem in psychosozialen Beratungen, besteht die Chance, über das Feedback des Beraters diesen Regungen, die beim Aussprechen eines Wortes auftauchen, auf die Spur zu kommen. Mit dem Zitat, dem wortwörtlichen Wiederholen des Schlüsselworts regt der Berater einen Suchprozess an, in dem rekonstruiert wird, welche Erfahrungen und Bedeutungen mit dem Wort im Zusammenhang stehen.

Schlüsselwörter wecken Erinnerungen

Unsere Erinnerung nimmt kontinuierlich Einfluss auf unsere Wahrnehmung von uns selbst und unserer Umgebung (vgl. zu den folgenden Abschnitten Bachg, 2004, S. 284 f.). Die Begegnungen, die wir erlebt haben und die unser Leben stark geformt haben, sind im persönlichen biografischen Gedächtnis abgelegt. Diese Erinnerungen steuern das mit, was wir als das gegenwärtige Bewusstsein bezeichnen. Selten ist einer Person dabei bewusst, wie stark ihre Wahrnehmungen durch Erinnerungen begleitet werden. Die Gegenwart, die wir wahrnehmen, ist zugleich eine Form der Erinnerung. Denn das Erleben der Gegenwart ist eng mit dem verbunden, was wir früher erfahren haben. Auch wenn eine Szene für alle Beobachter gleich erscheint, werden ihre Wahrnehmungen der Gegenwart durch ihre Erinnerungen eingefärbt, sodass jeder Beobachter eine andere Realität erlebt.

Wahrnehmen ist zugleich erinnertes Wahrnehmen. Die erinnerten Wahrnehmungen werden automatisch und unbewusst zugespielt. Angestoßen werden sie durch innere oder äußere Geschehnisse. Ein Gegenstand, den wir erinnern und vor dem inneren Auge sehen, ruft zum einen die sensorischen Daten dieses Gegenstands ab. Zum anderen wählt er zugleich die damit verbundenen früheren körperlichen und emotionalen Reaktionen des Körpers auf diesen Gegenstand an. In dem Augenblick, in dem wir einen Gegenstand sehen, werden nicht nur die früheren Bilder zu einem ähnlichen Gegenstand in Erinnerung gerufen, sondern auch die Bewegungsabläufe, die mit der Gegenstandswahrnehmung verbunden waren. Das Gedächtnis ist notwendig, um die Wahrnehmungen unserer Gegenwart einzusortieren.

Die Schlüsselwörter, die wir beim Erzählen benutzen, sind auch stets Wörter, die mit Erinnerungen und Handlungen verflochten sind. Sie zu zitieren, aktiviert eine Vielzahl an Erinnerungen aus dem biografischen Gedächtnis.

Dieses Thema lohnt sich noch aus einer kognitionspsychologischen Perspektive zu betrachten. Das sind die gedanklichen Deutungsrahmen oder Frames, die unmittelbar zum Anklingen kommen, wenn wir Wörter verwenden. Das Wort »Schlüssel« ist beispielsweise mit den Assoziationen an Tür, Schloss, Schlüsselbund, Schlüsselbart, Umdrehen, Zylinder, Öffnen verknüpft. Laut Wehling (2016) nehmen Frames Einfluss auf unser Denken, Fühlen, Handeln und unsere Welt. Frames werden durch Sprache initiiert. Sie tragen dazu bei, dass Ereignissen eine Bedeutung beigemessen wird. Denn mit Bezug auf unsere Körpererfahrungen und unser abgespeichertes Weltwissen sortieren Frames Informationen ein. Frames tragen zu Unterschiedsbildungen bei: Bestimmte Fakten werden in den Mittelpunkt gestellt, andere ignoriert. Die eingehenden Informationen werden mit Bewertungen und Interpretationen versehen.

In Schlüsselwörtern ist mehr verborgen, als auf den ersten Blick zu erahnen ist. Um Wörter zu verstehen, greift das Gehirn auf das angesammelte Wissen darüber zu. Das sind Bewegungsabläufe, Gerüche, Gefühle oder Bilder. Die Dinge werden gedanklich simuliert, um die sprachliche Bedeutung zu bestimmen. In jedem Schlüsselwort steckt also eine Vielzahl an Informationen und Bezügen, mehr als beim ersten Eindruck vermutet wird (vgl. Wehling, 2016, S. 20).

Schlüsselwörter sind einflussreich

Wie machtvoll Schlüsselwörter sein können, veranschaulichen beispielhaft das Märchen von Rumpelstilzchen und die Geschichte von Harry Potter. Das Märchen der Brüder Grimm beschreibt in der Schlussphase ein Machtspiel zwischen der Königin und dem Kobold. Beide haben eine unmoralische Vereinbarung miteinander getroffen: Die Königin will dem Kobold für seine Dienste, aus Stroh Gold herzustellen, ihr Erstgeborenes nach der Geburt überlassen. In der Gewissheit, dass die Königin seinen Namen nicht herausfinden wird, schlägt er ihr das Spiel vor, von seiner Forderung dann abzusehen, wenn sie im Gegenzug seinen Namen errät. Dafür erhält sie drei Gelegenheiten. Zu seiner Irritation ist sie bei der dritten Chance erfolgreich. Sie nennt seinen Namen, weil ein Gehilfe zufällig erfahren hat, wie der Kobold heißt. Auch Namen können Schlüsselwörter sein.

Der Name des Kobolds ist ungewöhnlich und selten, weil er seine Person charakterisiert. Deshalb geht er mit vermeintlicher Gewissheit davon aus, dass die Königin seinen Namen nicht erraten wird. Seine Position erscheint in diesem Machtspiel ungefährdet, sodass er vorzeitig seinen Erfolg feiert, was ihm zum Verhängnis wird. Ist sein Name nicht bekannt, kann er nicht als Person adressiert werden, was ihm eine große Freiheit und Spielräume eröffnet. In dem Moment, als die Königin seinen Namen nennt, wird er im Angesicht der Niederlage zornig und gegen sich selbst gewalttätig. Er verliert das Spiel und reagiert mit einer Eigenschaft, die in seinem Namen ausgedrückt wird. Denn »Rumpel« weist auf seine möglicherweise cholerische und grobe Seite hin. Das Nicht-Wissen der Königin verleiht ihm Einfluss und Macht über sie. Die Machtverhältnisse drehen sich um, als die Königin ihn mit seinem Namen ansprechen kann. Nun übt sie Macht und Einfluss auf ihn aus.

In den Büchern über Harry Potter wird dieses Phänomen ebenfalls eindrücklich aufgegriffen. Harrys Antagonist »Lord Voldemort« soll nicht bei seinem Namen genannt werden, um nicht vor Angst zu erstarren und von ihr bemächtigt zu werden. Entsprechend werden ihm Ersatznamen verliehen; einer davon lautet: »Er, dessen Name nicht genannt werden soll« (vgl. die Harry-Potter-Bände von Joanne K. Rowling). Auf diese Weise kann über den bedrohlichen Gegenspieler gesprochen werden, ohne seinem schrecklichen Einfluss zu erliegen, der sich über die Angst anbahnt. Wer eine der Umschreibungen verwendet, schützt sich vor der Macht des »Dunklen Lords«.

Was haben diese Überlegungen über die Macht, die Namen zugeschrieben wird, und über die Aktivierung von Deutungsrahmen mit dem Thema »Schlüsselwörter« zu tun? Mit dem Namen leuchten auf der Ebene der Deutungsrahmen bzw. Frames (vgl. Wehling, 2016) Erfahrungen und Emotionen auf. Beim Kobold führt dies dazu, dass seine zornigen Emotionen und die Erfahrungen um seine körperliche Erscheinung (»Stilzchen«) aktiv werden. Lautete der Name von »Rumpelstilzchen« beispielsweise »Sanftmensch«, würden beim Lesen, Hören oder Aussprechen andere Frames aktiviert. Im Fall der Harry-Potter-Geschichte werden beim Aussprechen des Namens »Lord Voldemort« bei vielen Figuren, die seinen Namen nennen, Angstreaktionen und Ohnmachtsgefühle als Frames aufgerufen.

Mit Schlüsselwörtern ist also mehr Bedeutung verbunden, als es den Anschein hat. Denn es wird ein Deutungsrahmen aktiviert, der mit Handlungen, Bewegungen, Emotionen und Erfahrungen im Zusammenhang steht. Frames liefern also zusätzliche Informationen, die erlauben, Schlüsselwörtern in ihrer Bedeutung für den Klienten nachzugehen (Wehling, 2016, S. 28). Frames stellen Zusätzliches bereit, das sich auf unser Begreifen der Welt enorm auswirkt (S. 32).

Schlüsselwörter sind einflussreich, weil sie Deutungsrahmen wecken, sodass bei einer ressourcenorientierten Vorgehensweise des Beraters Selbstwirksamkeitserfahrungen und -überzeugungen des Klienten gleichzeitig initiiert werden. Die im Zusammenhang mit den Schlüsselwörtern auftauchenden Erfahrungen und Überzeugungen zu benennen und gemeinsam im Beratungsprozess zu reflektieren, entpuppt sich als ein vielversprechender Weg, Ressourcen zu aktivieren. Weil Schlüsselwörter einen großen Einfluss zu nehmen vermögen, benötigt es eine Sensibilität des Beraters gerade bei Wörtern, die über seine Resonanz in das Gespräch eingeführt werden. Wesentlich ist dabei: Der Klient entscheidet, in welchem Umfang er den Bedeutungsgehalt des Schlüsselworts vertiefen will. Dies erfordert vom Berater eine Haltung der Verantwortung und Bescheidenheit (vgl. Ludewig, 2015).

Schlüsselwörter und Sprache

Die Sätze und Wörter, die wir Menschen formen und äußern, spiegeln unsere (Selbst-)Beobachtungen wider, die wir sammeln, im Laufe der Zeit verändern und neu fassen. Unsere Sprache wird von vielfältigen Faktoren beeinflusst. Sie wird familiär wie kulturell und in verschiedenen Sozialräumen geformt, vom Zeitgeist beeinflusst und hängt von der Ausstattung der Sinnesorgane, der Lebensgeschichte und der Reflexivität eines Menschen ab.

Das verbale Sprechen vollzieht sich »im Medium der Lautlichkeit« (Luhmann, 1997, S. 213). Durch die stete Verwendung von Lauten und Lautgruppen bildet sich eine mündliche Sprache aus. Sprechen dient nicht ausschließlich der Lautproduktion, es vermittelt zugleich Sinn. Luhmann bezeichnet die mündliche Sprache daher als Medium, in dem akustische Zeichen Sinn offerieren (vgl. Berghaus, 2003, S. 114). In der sprachlichen Kommunikation können akustische bzw. optische Zeichen (Laute bzw. Schriftbilder, Schriftzeichen) von Sinn unterschieden werden. Sprache fungiert vorrangig als ein

Kommunikationsmedium; sie ist zudem nicht unerheblich an der Selbstorganisation des Bewusstseins beteiligt. Für das Sprechen und Denken ist sie in jedem Fall relevant, weil sie individuelles Bewusstsein und Kommunikation miteinander verknüpft; jedoch sind das Sprechen und Denken nicht bedingungslos auf Sprache angewiesen (vgl. hierzu Berghaus, 2003, S. 115 f.).

Unser Bewusstsein verstehen wir als einen Ort, an dem das Denken und das Fühlen angesiedelt sind. Wenn wir uns mit unserem Selbst beschäftigen, können Neurowissenschaftler beobachten, wie spezifische neuronale Netzwerke aufblinken. Bei der Geburt sind diese Netzwerke noch nicht ausgebildet. Geboren werden wir ohne ein Bewusstsein für uns selbst. Die liebevolle Beziehung zu anderen Menschen, das Wechselspiel der Interaktion mit ihnen unterstützt uns dabei, Selbstnetzwerke zu entwickeln. Diese Netzwerke entstehen in den ersten 18 bis 24 Monaten unseres Lebens in bestimmten Hirnarealen (vgl. hierzu Bauer, 2019).

Unser Selbst entwickeln wir über Resonanz dank unserer Spiegelneuronen. In unseren Körpern schwingen Signale nach, während wir sie senden und empfangen. Das *Ich* – unser Bewusstsein – entwickelt sich im *Wir,* einem gemeinsamen neuronalen Netzwerk, für das ein *Du* mitverantwortet. Auf Dauer werden sie zu Zeichen, Lauten, die wir wiedererkennen und mit Sinn versehen. Das Feedback der Eltern bzw. Bezugspersonen begründet einen Teil des seelischen und körperlichen Wirklichkeitsverständnisses des jungen Menschen. Anders ausgedrückt: Frames formen sich aus (Bauer, 2019).

Im Hintergrund zu diesen Überlegungen läuft die Annahme mit, dass jedes Individuum trotz all der angedeuteten Einflüsse über eine ihm eigene wie eigenwillige Sprache verfügt. Die Idiolektik als Beratungsansatz stellt – wie der Name ausdrückt – die Eigensprache eines Menschen in den Mittelpunkt. Dieser Akzent geht auf Adolphe David Jonas (z. B. Jonas u. Daniels, 2016) zurück: Jeder Mensch verfügt über eine individualisierte Sprache. Sie kennt phonetische und grammatikalische Vorlieben wie eine charakteristische Wortwahl. Je nach sozialem Kontext zeigt eine Person ein spezielles Sprachmuster. Im Rahmen ihrer Eigensprache verfügt eine Person über verschiedene Sprachstile (vgl. Definition der GIG, www.idiolektik.de).

In seiner Sprache vermittelt ein Mensch sein Wirklichkeitsverständnis und reflektiert seine Erfahrungen. Auf die Art und Weise zu achten, wie er sich in seiner Sprache formuliert, erlaubt daher eine Annäherung an seine Welt- und Selbstsicht. Sprache ist durchwoben von Wörtern, die vor allem affektiv mit einer besonderen Bedeutung aufgeladen sind.

Sprache beeinflusst zudem unsere Wahrnehmung. Ein Wort, das ich kenne, hilft mir, das wahrzunehmen, was es benennt (vgl. Gümüsay, 2021, S. 11). Vergleiche ich Sprachen miteinander, die ich spreche, dann werde ich auf Wörter treffen, für die es in meiner Muttersprache keine Entsprechung gibt. Die Beobachtung von solchen Unterschieden verdeutlicht, dass Sprache Kultur erfindet (Arnheim, 1991, S. 13). In jeder Sprache und ebenfalls in jeder Eigensprache sind Begriffe vorhanden, die auf eine treffliche Weise erlebte Phänomene fassen. Die Schlüsselwörter zählen zu diesen Begriffen.

Andererseits erscheint es lohnenswert, sich bewusst zu machen, dass Menschen Erfahrungen kennen, für die sie lange kein Wort zur Verfügung hatten. Es handelt sich dann um Wahrnehmungen, die vorsprachlich erinnert wurden. Diese Wahrnehmungen ohne Worte spiegeln eine direkte Erfahrung wider. Arnheim (1991, S. 14 f.) gibt zu bedenken, dass Begriffe, die eine Erfahrung reflektieren, eine Distanz zu dieser Erfahrung herstellen; die Begriffe drohen inhaltsleer, hülsenhaft zu sein, werden sie nicht durch weitere Erfahrungen überprüft. Luhmann (1997, S. 222) plädiert dafür, die reale von der semiotischen Realität zu unterscheiden. Denn Wörter, Begriffe bezeichnen Gegenstände oder Phänomene und sind nicht mit den Gegenständen als solchen zu verwechseln.

Schlüsselwörtern droht auf Dauer eine »Verhülsung«, wird ihre Verbindung zu den originären Wahrnehmungen nicht ausführlich im Gespräch untersucht. Die Neugierde des Beraters, die Wahrnehmungen, die mit dem Schlüsselwort in Verbindung stehen, kennenzulernen, revitalisiert das Schlüsselwort. Wahrnehmungen konkret zu beschreiben, erlaubt, auf der Erfahrungsebene zu bleiben. Frames aktivieren für Wörter unter anderem motorische Abläufe, um dem Sprecher ein Begreifen zu ermöglichen (vgl. Wehling, 2016). Hierin liegt ein Hinweis, sich auf Konkretes zu beziehen (vgl. Arnheim, 1991, S. 16). Dies wird zudem von Horst Poimann (2018,

S. 64) betont: Begriffe können durch konkretisierendes Nachfragen erschlossen werden, um sie mit der Erlebens- und Wahrnehmungsebene des Klienten in Verbindung zu bringen.

Die deutsche Sprache kennt einige Wörter, die mit dem Wort »Schlüssel« verknüpft sind. Das sind z. B. »Schlüsselkompetenz«, »Schlüsselereignis«, »Schlüsselszene« oder »Schlüsselsatz«. Der Bezug wechselt; die relevante Einheit kann eine Kompetenz, ein Ereignis, eine Szene oder ein Satz sein. Wie faszinierend die Einheit des Wortes als kleine Bezugseinheit ist, zeigen die nachfolgenden Ausführungen.

Schlüsselwörter im lösungsfokussierten Ansatz

Im lösungsfokussierten Ansatz (z. B. de Shazer, 1991) unterstützt der Berater den Klienten in einem co-kreativen Prozess dabei, Lösungen für seine problematischen Themen zu entwickeln. Der Berater fokussiert deshalb während des Gesprächsprozesses verstärkt auf Zielvorstellungen und Ressourcen des Klienten, die als Bausteine für eine Lösungsfindung verstanden werden. In den Arbeitsunterlagen des BFTC (Brief Family Therapy Center, Wirkstätte der Begründer des lösungsfokussierten Ansatzes) zur Analyse von Beratungen wird explizit darauf hingewiesen, zusätzlich der Sprache des Klienten Aufmerksamkeit zu schenken.

Entsprechend kann es sinnvoll für den Berater sein, auf Lieblingswörter zu achten im Unterschied zu Wörtern, die mit negativen Emotionen einhergehen. Wörter, die mit Schwierigkeiten verknüpft sind, tragen in der Regel zu einer stärkeren Auseinandersetzung mit den Beschwerden des Klienten bei. Sie fördern damit einen Problemfokus. Da zu den Überlegungen des lösungsfokussierten Ansatzes zählt, dass die Struktur des Problems nicht mit der Struktur einer Lösung übereinstimmt und daher nicht für das Entwickeln von Lösungen genutzt werden kann, werden Wörter, die mit Problematischem behaftet sind, im Hintergrund gelassen und nicht ausführlich erkundet.

Die Lieblingswörter gehören zu den Schlüsselwörtern, sie stellen eine Sonderform dar. Explizit wird dem Berater empfohlen, diese direkt aufzugreifen und nach ihrer Bedeutung zu fragen. Das Lächeln des Klienten oder seine freudige Stimmlage stellen Hinweise für die Auswahl des Wortes dar. Der Begriff »Lieblingswörter« weist darauf hin, dass ein Sprecher sie gerne verwendet und sie in seiner Sprache häufiger vorkommen. Lieblingswörter haben eine prominente Stellung inne, weil sie mit positiv besetzten Erinnerungen verbunden sind.

Wir kennen Lieblingsspeisen, ähnlich haben wir Wörter zu unseren Lieblingswörtern auserkoren. Sie transportieren einen für uns bedeutsamen Inhalt oder eine bewegende positive Erfahrung. Weil wir neue Erfahrungen machen und uns weiterentwickeln, treten manche Lieblingswörter in den Hintergrund, sie verlieren ihre Bedeutung. Auf die Dauer betrachtet verlieren manche Wörter ihren Reiz und werden von anderen Lieblingswörtern abgelöst. Nicht selten haben Lieblingswörter Ressourcen im Schlepptau, die zur Entwicklung von Lösungen beitragen können.

Ein Beispiel dazu: Auf die Einstiegsfrage des Beraters: »Was ist wichtig, was ich über Ihre Lebenssituation wissen soll?« berichtet der Klient über seine langjährige Arbeit als Grundschullehrer und die Anforderungen, die das Schulprogramm mit sich bringe. Nebenbei erwähnt er mit einem Strahlen im Gesicht, dass er vom Bogenschießen begeistert sei. Der Berater versteht das Wort »Bogenschießen« als Lieblingswort. Auf seine Nachfrage, wie vertraut er mit dem Bogenschießen sei, zeigt sich, dass der Klient diesem Sport seit Jahren leidenschaftlich nachgeht. Er schätze vor allem die Ruhe und die Konzentration, erzählt er – diese Ressourcen erweisen sich als nützlich bei der intendierten Umorganisation seiner Work-Life-Balance, die ihn derzeit unzufrieden macht.

Durch die Fragen des Beraters über die Bedeutung der Schlüsselwörter ergibt sich optimalerweise ein Gespräch, in dem die Stärken des Klienten ans Licht kommen. Lieblingswörter sind in der Lage, die Tür zu einem Raum mit Ressourcen aufzustoßen. Es lohnt sich, in diesen Raum gemeinsam einzutreten.

Ziele können im Hinblick auf ihre Wünschbarkeit und Machbarkeit untersucht werden. Was die Machbarkeit anbelangt, ermöglichen vorhandene Fähigkeiten des Klienten, die Machbarkeit des Ziels deutlich zu steigern. Der konzentrierte Blick in der Beratung auf vorhandene Fähigkeiten des Klienten, die er bislang außer Acht gelassen hat, beschreibt eine Art der Ressourcenaktivierung. Ressourcen stellen Mittel dar, Ziele zu erreichen. Anders formuliert: Das Hervorheben von Lieblingswörtern des Klienten zeigt einen nützlichen Weg, Ressourcen zu wecken. Zu Recht kann man dann sagen, dass die kleine Einheit des Wortes wie ein Dietrich die Tür zu »Schätzen« des Klienten öffnet.

Schlüsselwörter in der Idiolektik

Im idiolektischen Ansatz (vgl. Bindernagel, Krüger, Rentel u. Winkler, 2010) wird explizit von Schlüsselwörtern gesprochen. Sie liefern ein Geländer für die Anfangsphase eines Gesprächs. Schlüsselwörter werden in verfängliche und unverfängliche eingeteilt. Unverfänglich bezieht sich darauf, dass das Wort nicht mit Schwierigkeiten oder problematischen Erfahrungen assoziiert ist. Um den Gesprächsprozess zu gestalten, greift der Berater unverfängliche Schlüsselwörter auf. »Sie haben [zitiertes Schlüsselwort] gesagt, können Sie mir dazu noch mehr sagen?« stellt eine Möglichkeit dar, den Klienten anzuregen, über einen Gesichtspunkt zu sprechen, über den es ihm leichtfällt zu erzählen.

Mit Glanz in seinen Augen spricht der Klient über seine »Zeit im Norden der Republik« und meint damit – was später deutlich wird – die ersten zwei Jahre seines Studiums in Kiel. Die Frage »Mögen Sie mehr zu Ihrer Zeit im Norden der Republik erzählen?« lädt zu einem Blick auf das Studium in Kiel ein. Der Berater wählt wahrgenommene Schlüsselwörter aus den Schilderungen aus, fragt danach und macht Angebote, diese Schlüsselwörter intensiver zu erkunden.

Bei diesen Schilderungen werden für gewöhnlich weitere unverfängliche Schlüsselwörter genannt, die der Berater wiederum mit einer weiteren Nachfrage aufgreifen kann. Es entsteht ein Prozess. Denn die Begriffe des Klienten werden zitiert, und er ist eingeladen, sich ausführlicher mit ihnen zu beschäftigen. Intendiert ist dabei eine austarierte Gesprächsatmosphäre, die die Blockaden verfänglicher Schlüsselwörter umschifft, weil diese eine Defizitorientierung herstellen (vgl. Rentel, 2010, S. 48). Bewusst in Kauf genommen wird, dass thematisch mehrmals Sprünge vollzogen werden. Bei der Wahl eines Schlüsselworts geht es nicht darum, zum Thema passende

Wörter auszuwählen, was gelegentlich den Eindruck erweckt, dass geplaudert wird. Entscheidend ist der Erzählfluss, der eine Selbsterkundung eröffnet.

Das Aufgreifen unterschiedlicher Schlüsselwörter trägt auch zu einer emotionalen Distanz zu einem Thema bei, das gerade ausgebreitet wird. Deshalb ist es denkbar, Schlüsselwörter anzubieten, die in vorherigen, weiter zurückliegenden Erzählabschnitten des Klienten genannt wurden. Dieses Vorgehen macht gleichzeitig deutlich, dass es nicht um richtige oder falsche Schlüsselwörter geht.

Die Auswahl unverfänglicher Schlüsselwörter regt einen Erzählfluss an, in dem auch stets Ressourcen thematisiert werden (vgl. Rentel, 2010, S. 48). Ein thematisch roter Faden spielt dabei keine wesentliche Rolle, da angenommen wird, dass der Klient während des Erzählens indirekt wie unbewusst mit für ihn relevanten Themen im Kontakt ist. Idiolektiker sprechen in diesem Zusammenhang von paralogischem Gespräch, einem Gespräch jenseits logischer Erwartungen. Entsprechend wird die Beratung als zieloffen etikettiert. Hiervon unterscheidet sich der lösungsfokussierte Ansatz, der als zieldynamisch gefasst werden kann. Im Kapitel 2 über Beratungsjazz erfolgen weitere Ausführungen zu diesem Thema.

Im Umgang mit Schlüsselwörtern empfiehlt sich das wörtliche Zitat. Das Schlüsselwort steht im Dienst des Folgens (Pacing), sodass sich der Klient verstanden und in seinem inneren Selbstorganisationsprozess unterstützt erlebt. Im Focusing wird auch von »Saying back« gesprochen. Der Klient wird durch diese Technik in seinem inneren Erlebensprozess begleitet. Das wörtliche Zurückgeben der Wörter unterstützt ihn, sein Erleben, was z. B. Bilder, Geräusche oder Körpersensationen sein können, zu fokussieren und für das Erleben stimmige Beschreibungen und Wörter zu finden (z. B. Siems, 1988, S. 142). In der Idiolektik wird darauf hingewiesen, dass ein von dem Berater angebotenes Synonym des Schlüsselworts den inneren Selbstorganisationsprozess des Klienten unterbricht, denn dieser muss eine Übersetzungsleistung der unterschiedlichen Wörter erbringen.

Hans-Hermann Ehrat (persönliche Mitteilung) versteht Schlüsselwörter als Wörter, die den Berater ansprechen und seine Neugierde wecken. Die Resonanz des Beraters kann auditiv, visuell oder über sein eigenes Körpererleben erfolgen. Das Kriterium für die Beobachtungen ist weniger, wie der Klient es gesprochen hat, als vielmehr, wie der Berater es gehört hat. Seine Beobachtungen, wie der Klient beispielsweise im Hinblick auf Sprechtempo, Klangfarbe und Betonungen für ihn klingt, sind ausschlaggebend. Während der Klient über sich erzählt, kommen eine Reihe von Schlüsselwörtern zum Anklingen. Aus diesem Katalog von Schlüsselwörtern, die der Berater im Verlauf eines Erzählabschnitts sammelt, wählt er ein unverfängliches aus und bietet es dem Klienten mit der Bitte an, dieses Wort mit eigenen Worten zu erläutern.

Dieses Vorgehen rückt Schlüsselwörter in den Raum der Beziehungsgestaltung und berücksichtigt bewusst die Person des Beraters im Gesprächsprozess. Seine Präsenz, sein Interesse, verbunden mit seiner Resonanz auf den Klienten, beeinflussen den Gesprächsverlauf. Sie vermitteln dem Klienten, dass er sich den Raum und die Zeit nehmen darf, um über sich zu erzählen und sich zu reflektieren. Dabei ist zudem nützlich, dass der idiolektische Berater fragt, sich kurzfasst und sich auf Konkretes bezieht. Dieses Vorgehen erinnert an die kongruente Haltung im Sinne von Carl Rogers (1991) oder an Überlegungen von Irvin D. Yalom zu seinem therapeutischen Vorgehen. Die Assoziation zur Kongruenz besteht deshalb, weil der Berater seine Beobachtungen und sein Erleben in den Gesprächsprozess einbringt. Yalom (2010) achtet auf das interaktionelle Geschehen im Hier und Jetzt und seine Reaktionen darauf. Diese stellt er seinen Klienten reflektiert zur Verfügung. Schlüsselwörter sind mit dem Potenzial versehen, dass der Berater dem Klienten ein personales Beziehungsangebot macht.

Die Anregung, Schlüsselwörter zu zitieren, kann auch aus der Perspektive des Framing angeschaut werden. Um sprachliche Informationen zu verstehen, simuliert eine Person sie. Der Simulation kommt eine maßgebliche Rolle bei der Sprachverarbeitung zu. Und: Sie beeinflusst unsere Wahrnehmung. Wenn wir Wörter, die wir vom Klienten aufnehmen, simulieren, spüren wir währenddessen, welche Resonanz sie in uns erzeugen. Welches Wort uns berührt, kann uns eine Hilfestellung dabei geben, dem Klienten unverfängliche Schlüsselwörter (oder Lieblingswörter) vorzuschlagen (Wehling, 2016, S. 27).

Für Adolphe David Jonas war das Kennzeichen eines Schlüsselworts, dass es nicht in den Kontext hineinpasst. Sagt jemand »Ich habe unheimliche Angst«, dann ist »unheimlich« vermutlich ein Schlüsselwort. Über diese Schlüsselwörter entwickelte Jonas im Interview mit dem Klienten über dessen Symptombeschreibung einen Zugang zu dessen psychodynamischen Konflikten (vgl. auch Jonas u. Daniels, 2016, S. 30).

Schlüsselwörter verändern sich

In der Kommunikation treten Schlüsselwörter unerwartet hervor. Diese kann der Berater aufgreifen. Dabei geht es weniger darum, das Schlüsselwort zu verstehen, sondern vielmehr darum, den Klienten anzuregen, sich selbst zu explorieren und mit Inhalten zu beschäftigen, die ihm leichtfallen oder die ihn auf die Spur seiner Ressourcen bringen. Dabei empfiehlt es sich für den Berater, von eigenen Wortbildern abzusehen und sich zu bescheiden, zugleich neugierig zu sein, was das Zitat des Schlüsselworts an inneren und kommunikativen Bewegungen beim Klienten anstößt.

Schlüsselwörter fördern einen co-kreativen[3] Prozess in der Beratung. Auf der Ebene des Begriffs kann ein Schlüsselwort als sub-

---

3 Co-kreative Prozesse in der Biografiearbeit können wie folgt skizziert werden: Schlüsselwörter kann man als Zugangsweg zu Narrativen (Erzählungen) einsetzen. In den Narrativen hat der Erzählende seine Erfahrungen verarbeitet. Eröffnen Lieblingswörter bzw. unverfängliche Schlüsselwörter den Zugang zu eigenen, emotional bewegenden Erlebnissen, reflektieren sie zugleich biografische Episoden, die Hinweise auf das Verständnis der Person über ihren Selbstwert, ihre Fähigkeiten, ihre Vorlieben und ihre Werte liefern. Versteht sich der Berater als Co-Autor der Erzählung, vermögen seine Nachfragen oder Kommentare die Narrative des Klienten aufzufrischen und zu erweitern. Das kann dazu führen, dass reflektierte Episoden der Biografie des Klienten zukünftig mit konstruktiven Bedeutungen erinnert werden. Die Auseinandersetzung mit der eigenen Biografie mithilfe von Schlüsselwörtern ermöglicht somit, neue Sinnstiftungen anzustoßen.
Aus einer systemtheoretischen Perspektive könnte man dazu sagen: Die Kommunikationen zwischen dem Berater als Co-Autor und dem Klienten als Autor begründen ein soziales System (Luhmann, 1997), an dem die psychischen Systeme der »Autoren« notwendigerweise beteiligt sind. Ihre Kommunikation vollzieht sich im Medium Sinn (Luhmann, 1997, S. 44 ff.). Sinn

jektiv erzeugter Begriff in Augenschein genommen werden. Hintergrund ist: Wir denken in Begriffen; sie stellen eine zentrale Einheit dar, die unser Denken und Sprechen beeinflusst. Mit ihrer Hilfe können wir verschiedene Gedanken, Äußerungen und Erfahrungen aufeinander beziehen. Subjektive Begriffe sind zugleich stabil wie instabil. In inneren wie äußeren Dialogen verändern sie sich.

Begriffe wandeln sich, weil unser Denken, unser Wissen und unsere Erfahrungen sich weiterentwickeln. Je mehr wir über uns wissen, erfahren und reflektieren, desto mehr ändert bzw. erweitert sich die Bedeutung, die mit einem Begriff verbunden ist. Gerade im Zusammenhang mit verfänglichen Schlüsselwörtern, verstanden als Wörter, die Erinnerungen an schwierige Erlebnisse, Erfahrungen oder Bedeutungsgebungen wachrufen, kann das gemeinsame Reflektieren von Schlüsselwörtern im Beratungsgeschehen zu einer Neubedeutung bzw. zu einer neue Perspektiven eröffnenden Dekonstruktion des Schlüsselbegriffs beitragen. In der Neubedeutung können versöhnliche, distanzierende oder ressourcenhafte Aspekte für den Klienten in den Vordergrund geraten.

Interessant ist der Gedanke, im Beratungsprozess gemeinsam mit dem Klienten neue, für ihn stimmige Schlüsselwörter zu erzeugen. Manchmal sind sich die Klienten ihrer Ressourcen nicht bewusst. In der Interaktion mit dem Berater treten sie zutage, wenn dieser sich beispielsweise aktiv nach Ausnahmen vom Problem erkundigt. Solche Ausnahmen können längere Zeit zurückliegen. Sie ausführlich zu explorieren, holt sie in die Gegenwart des Gesprächs. Je länger diese Beschäftigung mit der Ausnahme vom Problem dauert, umso mehr wird sie für den Klienten spürbar und somit aktiviert.

Mit der Frage danach, wie die Ressource bezeichnet werden kann, setzt ein Prozess ein, sie mit einem Schlüsselwort zu belegen, um sich ihrer zu erinnern. Wird dieser Prozess so gestaltet, dass der Klient

---

entsteht sowohl in den psychischen Systemen als auch im sozialen System. Er wird erzeugt! Beide Systemtypen konstruieren Sinn unabhängig voneinander. Man könnte von parallellaufenden Sinnfindungsprozessen sprechen, die füreinander Anregungsquellen darstellen können. Die in Kommunikation gebrachten Fragen, Perspektivwechsel oder Kommentare des Beraters können das psychische System des Klienten inspirieren, biografische Episoden in einem neuen Licht zu betrachten, mit einem veränderten Sinn zu versehen.

die Ressource multimodal, mit allen Sinnen repräsentiert, dabei der Berater das Schlüsselwort wiederholt ins Spiel bringt, kann dies als Konditionierung verstanden werden. Bezieht sich der Berater im weiteren Gesprächsprozess mehrfach auf das Schlüsselwort – im Sinne eines Seeding (»säen«; Vorgehen in der Hypnotherapie) –, wächst die Chance, dass der Klient sich ein neues Schlüsselwort zu eigen macht, das er sich aktiv in schwierigen Lagen zur Reaktivierung seiner Ressource vergegenwärtigen kann.

Was passiert, wenn der Berater bewusst entscheidet, das genannte Schlüsselwort nicht zu zitieren, sondern es über ein Synonym aufzugreifen? Wann im Beratungsprozess erscheint ein solches Vorgehen sinnvoll? Wie oben (vgl. S. 141) erwähnt, verlangt das Paraphrasieren eines Schlüsselworts vom Klienten ein Übersetzen. Der Selbstorganisationsprozess gerät ins Stocken. Bei Synonymen zu Schlüsselwörtern, die mit Problemen verbunden sind, hilft die Unterbrechung, mehr Distanz zum Erleben herzustellen, und lädt dazu ein, andere Perspektiven kennenzulernen.

Nachklänge

Schlüsselwörter aufzugreifen, bahnt unterschiedliche Wege für ein Gespräch, je nachdem welche Art von Schlüsselwörtern zitiert wird. Die gewählte Art des Schlüsselworts erzeugt eine Aufmerksamkeitslenkung für die Suchbewegungen des Klienten.

- Schlüsselwörter können als *Lieblingswörter* verstanden werden. Sie sind mit einer positiven Affektivität verbunden und ermöglichen, Ressourcen zu entdecken.
- *Unverfängliche Schlüsselwörter* mögen auf den ersten Blick ähnlich wie Lieblingswörter sein. Das ist gegeben, wenn sie von einer positiven Affektivität begleitet werden. Wählt der Berater die Schlüsselwörter aus, weil er dazu eine Resonanz spürt, kann, aber muss diese beim Klienten nicht in derselben Weise vorhanden sein. Vielmehr inspirieren sie den Klienten zum Erzählen.
- *Verfängliche Schlüsselwörter* sind mit einer Problembeschreibung verknüpft und könnten einen Problemfokus herstellen. Sie berühren persönliche und/oder kulturell schwierige Themen. Für gewöhnlich provozieren sie einen Problemfokus.

- *Schlüsselwörter, die nicht in den Kontext passen,* weisen auf psychodynamische Themen des Klienten hin. Diese Art von Schlüsselwörtern basieren auf dem Verständnis von Adolphe David Jonas.

Schlüsselwörter sind multipel einsetzbare Werkzeuge. Sie eignen sich
- als Instrument, Ressourcen des Klienten zu erkennen und zu fördern,
- als Instrument, Selbstorganisationsprozesse des Klienten zu unterstützen,
- als Instrument, die Beratungsbeziehung zu gestalten,
- als Instrument für eine Arbeit mit biografischen Episoden,
- als Ausgangspunkt für eine Neubedeutung bzw. Umdeutung von Begriffen und
- als in der Beratung entwickelter Zugriff auf die Ressourcen des Klienten.

Manchen Schlüsselwörtern wohnt Poesie inne. Im Kontext einer von Präsenz, Interesse und Ressourcenaktivierung geprägten Interaktion vermögen sie den Zauber von Erinnerungen zu wecken. Fragt man z. B. ein Paar danach, wie es sich ineinander verliebt hat, blitzt ein Entzücken in den Erzählungen auf. Schlüsselwörter können eine ähnliche Wirkung hervorrufen. In solchen Momenten findet eine wechselseitige Resonanz statt.

Ähnlich wie der Poet beim Vortrag seines Gedichts oder Textes, in dessen Verlauf er bestimmte Wörter auf besondere Weise betont und ausspricht, könnte es sich lohnen, Schlüsselwörter erstaunt, fragend, interessiert, mehrfach wiederholend oder ungläubig aufzugreifen, ohne dabei den Anregungscharakter des Vorgehens zu konterkarieren. Ziel ist es, der Neugierde und dem Interesse des Beraters einen Ausdruck zu verleihen, der für die Gesprächspartner, das Thema und zur Situation passt. Der Berater könnte sein Interesse auch durch eine entsprechende Gestik und Mimik untermalen, indem er sich beispielsweise auf seinem Stuhl nach vorn beugt.

Zusammenfassend lässt sich sagen, dass auch Schlüsselwörter ein geeignetes Navigationsinstrument für eine gelingende Beratung darstellen. Sie liefern vielfältige Ansatzpunkte, den Klienten bei seiner Selbstorganisation zu begleiten, weil sie zum Fördern und Fordern geeignet sind.

Danksagung

Zuerst erwähnen möchte ich Almut Fuest-Bellendorf und Christoph Heidbreder. Beide sind geschätzte Kolleg:innen. Mit ihnen tausche ich mich regelmäßig seit Jahren über die systemische Denk- und Vorgehensweise aus. Beide haben sich mit den Kapiteln eingehend beschäftigt. Ausdrücklich danke ich beiden für ihre fachlichen, konstruktiven und wertschätzenden Anregungen, die ich stets als bereichernd erlebe.

Karl-Heinz Stiebler ist als Jazzgitarrist, Arrangeur und Musikpädagoge tätig. Meiner Meinung nach geht er mit sicheren Schritten und geöffneten Augen in der Welt der Musik spazieren. Ihm danke ich für seine fundierten Hinweise zum Kapitel über den Beratungsjazz.

Sandra Englisch und Ulrike Rastin habe ich als interessierte und konstruktiv unterstützende Ansprechpartnerinnen des Verlags Vandenhoeck & Ruprecht kennengelernt. Dafür danke ich ihnen sehr.

Edda Hattebier danke ich sehr für ihre aufmerksame Redaktion des Manuskripts.

Auf seine ideenreiche Art hat Patrick Schoden das Coverbild und die Bilder für die Kapitelüberschriften geschaffen. Einen großen Dank dafür.

Mechthild Bischop, meiner Ehefrau, danke ich herzlich für ihre Unterstützung, mir Freiräume zum Schreiben zu ermöglichen.

Literatur

Andersen, T. (1994). Das Reflektierende Team. Dialoge und Dialoge über Dialoge. Dortmund: Verlag Modernes Lernen.

Arnheim, R. (1991). »Wir denken zuviel und sehen zuwenig«. In H. Ernst, Der innere Kosmos. Gespräche mit Psychologen (S. 11–27). Weinheim/Basel: Beltz.

Bachg, M. (2004). Microtracking in der Pesso-Therapie: Brückenglied zwischen verbaler und körperorientierter Therapie. Psychotherapie, 9, 2, 283–293.

Bargh, J. (2022). Vor dem Denken. Wie das Unbewusste uns steuert. München: Droemer.

Barthelmess, M. (2016). Die systemische Haltung. Was systemisches Arbeiten im Kern ausmacht. Göttingen: Vandenhoeck & Ruprecht.

Bateson, G. (1985). Ökologie des Geistes. Anthropologische, psychologische, biologische und epistemologische Perspektiven. Frankfurt a. M.: Suhrkamp.

Bauer, J. (2019). Wie wir werden, wer wir sind. Die Entstehung des menschlichen Selbst durch Resonanz. München: Blessing.

Bebek, C., Holkenbrink, J. (2015). Denkräume in Bewegung setzen. Performance Studies: Möglichkeiten der Transformation in fächerübergreifenden Studienprojekten mit dem Theater der Versammlung zwischen Bildung, Wissenschaft und Kunst. https://www.tdv.uni-bremen.de/pdfs/Denkraeumein-Bewegungsetzen-CarolinBebekundJoergHolkenbrink2015.pdf (Zugriff am 19.10.2023).

Benaguid, G., Schramm, S. (2016). Hypnotherapie. Paderborn: Junfermann.

Berghaus, M. (2003). Luhmann leicht gemacht. Eine Einführung in die Systemtheorie. Köln u. a.: Böhlau.

Bertram, G. W., Rüsenberg, M. (2021). Improvisieren! Lob der Ungewissheit. Stuttgart: Reclam.

Bindernagel, D., Krüger, E., Rentel, T., Winkler, P. (Hrsg.) (2010). Schlüsselworte. Idiolektische Gesprächsführung in Therapie, Beratung und Coaching. Heidelberg: Carl-Auer.

Bless, H. (1997). Stimmung und Denken. Ein Modell zum Einfluss von Stimmungen auf Denkprozesse. Bern u. a.: Huber.

Böhle, F. (2012). Nicht nur Bedrohung und Ohnmacht. Veränderungen im Umgang mit Ungewissheit. Supervision, 30 (3), 4–12.

Bruner, J. (1986). Actual Minds, Possible Words. Cambridge, MA: Harvard University Press.

Busch, S. (1996). Improvisation im Jazz. Ein dynamisches System. Mainz: Advance Music.
Butler, J. (2007). Kritik der ethischen Gewalt – Adorno-Vorlesungen 2002. Frankfurt a. M.: Suhrkamp.
Chater, N. (2019). Unbewusste Gedanken und Gefühle? Nichts als Hirngespinste. Psychologie Heute, 46–49.
Ekman, P. (2007). Gefühle lesen. Wie Sie Emotionen erkennen und richtig interpretieren. München: Elsevier, Spektrum, Akad. Verl.
Foerster, H. von (1999). 2 × 2 = grün. Originalaufnahmen 1989–1998 (2 Audio-CDs). Hrsg. von K. Sander. Köln: Supposé.
Fuchs, P. (1993). Niklas Luhmann – beobachtet. Eine Einführung in die Systemtheorie (2. Aufl.). Opladen: Westdeutscher Verlag.
Fuchs, P. (1999). Intervention und Erfahrung. Frankfurt a. M.: Suhrkamp.
Fuchs, P. (2003). Liebe, Sex und solche Sachen. Zur Konstruktion moderner Intimsysteme. Konstanz: UVK.
Fuchs, P. (2010a). Diabolische Perspektiven. Vorlesungen zu Ethik und Beratung. Berlin, Münster: Lit.
Fuchs, P. (2010b). Das System SELBST. Eine Studie zur Frage: wer liebt wen, wenn jemand sagt: »Ich liebe dich!«? Weilerswist: Velbrück.
Furman, B. (2019). Es ist nie zu spät, eine glückliche Kindheit zu haben. Dortmund: Verlag Modernes Lernen.
Furman, B., Ahola, T. (2001). Die Zukunft ist das Land, das niemandem gehört. Probleme lösen im Gespräch. Stuttgart: Klett-Cotta.
Galfard, C. (2022). E=mc2. Eine sehr kurze Einführung in die Relativitätstheorie. München: C. H. Beck.
Geuther, U. (2021). Mit allen Sinnen wahrnehmen. Psychologie Heute, 6, 20–21.
Goodrick, M. (1998). Gitarrentechniken & -Konzepte für Fortgeschrittene. The advancing guitarist. Mainz: Advance Music.
Graupe, S. R. (1975). Ergebnisse und Probleme der quantitativen Erforschung traditioneller Psychotherapieverfahren. In H. Strotzka (Hrsg.): Psychotherapie: Grundlagen, Verfahren, Indikationen. München u. a.: Urban und Schwarzenberg.
Grawe, K., Donati, R., Bernauer, F. (1994). Psychotherapie im Wandel. Von der Konfession zur Profession. Göttingen: Hogrefe.
Grossmann, K. P. (2006). Die Utilisation von Unterschieden – Intervention in der systemischen Therapie. In Praxis und theoretische Grundannahmen von Intervention. Dokumentation der Ringvorlesung, Band 7 (S. 141–153). Alpen-Adria Universität, Klagenfurt – Graz – Wien.
Groth, T. (2017). 66 Gebote systemischen Denkens und Handelns in Management und Beratung (2., überarb. Aufl.). Heidelberg: Carl-Auer.
Gumbrecht, H. U. (2010). Unsere breite Gegenwart. Frankfurt a. M.: Suhrkamp.
Gümüsay, K. (2021). Sprache und Sein (15. Auflage). Berlin: Hanser.
Hammel, S. (2015). Das Stühlespiel. Eine neue, radikal wirksame psychotherapeutische Methode. Freiburg i. Br.: Verlag.

Heckhausen, H., Gollwitzer, P. M. (1987). Thoughts contents and cognitive functioning in motivational versus volitional states of mind. Motivation and Emotion, 11, 101–120.

Heidl, A. (2012). Ungewissheit. Supervision, 30 (3), 58–59.

Hell, W., Gigerenzer, G., Gauggel, S., Mall, M., Müller, M. (1988). Hindsight bias. An interaction of automatic and motivational factors? Memory & Cognition, 16 (6), 533–538.

Hinsch, R., Pfingsten, U. (2015). Gruppentraining sozialer Kompetenz. GSK. Grundlagen, Durchführung, Anwendungsbeispiele (6. Aufl.). Weinheim/Basel: Beltz.

Hübner, R. (2012). Interventionsbegriffe im Vergleich. In L. Krainer, R. E. Lerchster (Hrsg.), Interventionsforschung. Bd. 1: Paradigmen, Methoden, Reflexionen (S. 155–172). Wiesbaden: Springer VS.

Jonas, A. D., Daniels, A. (2016). Was Alltagsgespräche verraten. Verstehen Sie Limbisch? (6. Aufl.). Würzburg: Huttenscher Verlag 507.

Keweloh, A. (2018). Einführung in das Lebensflussmodell. Heidelberg: Carl-Auer.

Krause, R. (2003). Das Gegenwartsunbewusste als kleinster gemeinsamer Nenner aller Techniken – Integration und Differenzierung als Zukunft der Psychotherapie. In G. Poscheschnik (Hrsg.), Empirische Forschung in der Psychoanalyse. Grundlagen – Anwendungen – Ergebnisse (S. 239–256). Gießen: Psychosozial-Verlag.

Lawley, J., Way, M. (2022). Erkenntnisse im Raum. Mit Clean Space Kreativität anregen, Ideen generieren und Probleme lösen. Heidelberg: Verlag.

Lexikon der Psychologie (2023). Intervention. https://www.spektrum.de/lexikon/psychologie/intervention/7396. (Zugriff am 16.09.2023).

Lieb, H. (2014). So hab ich das noch nie gesehen. Heidelberg: Carl-Auer.

Linden, M. (2021). Psychotherapie, Psychotherapieverfahren und Richtlinienpsychotherapie. In W. Rief, E. Schramm, B. Strauß (Hrsg.), Psychotherapie. Ein kompetenzorientiertes Lehrbuch (S. 507–514). München: Elsevier.

Loftus, E. F. (1979). Eyewitness testimony. Cambrigde, MA: Harvard University Press.

Loth, W., Schlippe, A. v. (2004). Die therapeutische Beziehung aus systemischer Sicht. Psychotherapie im Dialog, 5 (4), 341–347.

Ludewig, K. (1992). Systemische Therapie. Grundlagen klinischer Theorie und Praxis. Stuttgart: Klett-Cotta.

Ludewig, K. (2013). Entwicklungen systemischer Therapie. Einblicke, Entzerrungen, Ausblicke. Heidelberg: Carl-Auer.

Ludewig, K. (2015). Systemische Therapie. Grundlagen, klinische Theorie und Praxis (vollst. überarb. u. aktual. Neuausg.). Heidelberg: Carl-Auer.

Ludewig, K., Wilken, U. (2000). Das Familienbrett. Ein Verfahren für die Forschung und Praxis mit Familien und anderen sozialen Systemen. Göttingen u. a.: Hogrefe.

Luhmann, N. (1984). Soziale Systeme. Grundriß einer allgemeinen Theorie. Frankfurt a. M.: Suhrkamp.

Luhmann, N. (1997). Die Gesellschaft der Gesellschaft. Erster und zweiter Teilband. Frankfurt a. M.: Suhrkamp.
Luhmann, N. (2004). Einführung in die Systemtheorie. Heidelberg: Carl-Auer.
Lüschen-Heimer, C., Michalak, U. (2019). Werkstattbuch systemische Supervision. Heidelberg: Carl-Auer.
Maturana, H., Varela, F. (1984). Der Baum der Erkenntnis. Die biologischen Wurzeln menschlichen Erkennens. Frankfurt a. M.: Goldmann Verlag.
McGoldrick, M., Gerson, R. (1990). Genogramme in der Familienberatung. Bern u. a.: Huber.
Michalak, U. (2013). Anliegenentwicklung und emotionale Rahmung – zwei Seiten einer Medaille. Systema, 1, 35–48.
Michalak, U., Lüschen-Heimer, C. (2021). Supervision reflektieren. Heidelberg: Carl-Auer.
Nachmanovitch, S. (2013). Free Play. Kreativität geschehen lassen. München: Barth.
Neuburger, R. (2007). Das Familientrauma. Wege zurück ins Leben. Düsseldorf: Patmos.
Nolten, A., Obermeyer, K. (2021a). Editorial. Supervision, 39 (3), 2.
Nolten, A., Obermeyer, K. (2021b). Auf die Unterschiede kommt es an. Supervision, 39 (3), 4–8.
Pfeiffer-Schaub, U. (2020). Hypothetisieren. In J. V. Wirth, H. Kleve (Hrsg.), Lexikon des systemischen Arbeitens (S. 161–164). Heidelberg: Carl-Auer.
Poimann, H. (2018). Idiolektik: richtig fragen (3. Aufl.). Würzburg: Huttenscher Verlag 507.
Pries, H. (1999). Anliegenklärung und Vereinbarung. Unveröffentlichtes Arbeitsblatt.
Rentel, T. (2010). Resonanz und Schlüsselworte. In D. Bindernagel, E. Krüger, R. Rentel, P. Winkler (Hrsg.), Schlüsselworte. Idiolektische Gesprächsführung in Therapie, Beratung und Coaching (S. 47–55). Heidelberg: Carl-Auer.
Rogers, C. (1991). Entwicklung der Persönlichkeit. Psychotherapie aus Sicht eines Therapeuten (8. Aufl.). Stuttgart: Klett-Cotta.
Ross, M., Buehler, R. (1994). Creative remembering. In U. Neisser, R. Fivush (Hrsg.), The remembering self (S. 205–235). New York, NY: Cambridge University Press.
Ruthemeier, W. (2021). Differenzspannungen in der Fallsupervision produktiv nutzen. Supervision, 39 (3), 28–33.
Saner, H. (2013). Von der Toleranz zur Differenzverträglichkeit. Aktuelle juristische Praxis, 209, 31–43.
Scharmer, O. (2020). Theorie U. Von der Zukunft her führen. Heidelberg: Carl-Auer.
Schlippe, A. v., Schweitzer, J. (2013). Lehrbuch der systemischen Therapie und Beratung I (2. Aufl.). Göttingen: Vandenhoeck & Ruprecht.
Schmidt, G. (2004). Liebesaffären zwischen Problem und Lösung. Hypnosystemisches Arbeiten in schwierigen Kontexten. Heidelberg: Carl-Auer.

Schramm, S., Wüstenhagen, C. (2015). Das Alphabet des Denkens. Wie Sprache unsere Gedanken und Gefühle prägt. Reinbek: Rowohlt.

Selvini Palazzoli, M., Boscolo, L., Cecchin, G., Prata, G. (1981). Hypothetisieren – Zirkularität – Neutralität. Drei Richtlinien für den Leiter der Sitzung. Familiendynamik, 6, 123–139.

Shazer, S. de (1991). Wege erfolgreicher Kurztherapie. Stuttgart: Klett-Cotta.

Shazer, S. de (2019). Der Dreh. Überraschende Wendungen und Lösungen in der Kurzzeittherapie (14. Aufl.). Heidelberg: Carl-Auer.

Shazer, S. de, Dolan, Y. (2008). Mehr als ein Wunder. Heidelberg: Carl-Auer.

Siems, M. (1988). Dein Körper weiß die Antwort. Focusing als Methode der Selbsterfahrung. Reinbek: Rowohlt.

Sikora, F. (2003). Neue Jazz-Harmonielehre. Verstehen, Hören, Spielen; von der Theorie zur Improvisation (6. Aufl.). Mainz: Schott Music.

Simon, F. B. (2020). Einführung in Systemtheorie und Konstruktivismus (6. Aufl.). Heidelberg: Carl-Auer.

Simon, F. B., Clement, U., Stierlin, H. (1999). Die Sprache der Familientherapie. Ein Vokabular. Stuttgart: Klett-Cotta.

Simon, F. B., Weber, G. (2012). Vom Navigieren beim Driften. »Post aus der Werkstatt« der systemischen Therapie. Heidelberg: Carl-Auer.

Singer, W. (2002). Wahrnehmen, Erinnern, Vergessen. In W. Singer, Der Beobachter im Gehirn (S. 77–86). Frankfurt a. M.: Suhrkamp.

Sparrer, I., Varga von Kibéd, M. (2011). Ganz im Gegenteil (7. Aufl.). Heidelberg: Carl-Auer.

Stern, D. (2005). Der Gegenwartsmoment. Veränderungsprozesse in Psychoanalyse, Psychotherapie und Alltag. Frankfurt a. M.: Brandes und Apsel.

Storch, M., Krause, F. (2002). Selbstmanagement ressourcenorientiert: Grundlagen und Trainingsmanual für die Arbeit mit dem Zürcher Ressourcen Modell (ZRM). Bern u. a.: Huber.

Supervision (2021). Themenheft »Recht behalten ist auch keine Lösung – Differenzverträglichkeit«. Supervision, 39 (3).

Tschacher, W., Ramseyer, F. (2017). Synchronie in dyadischer Interaktion: Verkörperte Kommunikation in Psychotherapie, Beratung, Paargesprächen. In T. Breyer, M. B. Buchholz, A. Hamburger, S. Pfänder, E. Schumann (Hrsg.), Resonanz – Rhythmus – Synchronisierung (S. 319–348). Bielefeld: transcript.

Walter, J. L., Peller, J. E. (1994). Lösungsorientierte Kurztherapie. Ein Lehr- und Lernbuch. Dortmund: Verlag Modernes Lernen.

Wehling, E. (2016). Politisches Framing. Wie eine Nation sich ihr Denken einredet – und daraus Politik macht. Köln: Herbert von Halem Verlag.

Weigmann, K. (2013). Die Intelligenz des Körpers. Gehirn und Geist, 1–2, 26–31.

White, M., Epston, D. (1994). Die Zähmung der Monster. Literarische Mittel zu therapeutischen Zwecken (2. Aufl.). Heidelberg: Carl-Auer.

Willemsen, R. (2018). Musik. Über ein Lebensgefühl. Frankfurt a. M.: Verlag.

Yalom, I. D. (2010). Der Panama-Hut oder Was einen guten Therapeuten ausmacht (12. Aufl.). München: btb.